现状　愿景　战略布局　团队　客户　角色　局外人

有效领导的七大视角

[美]丹尼尔·哈卡维（Daniel Harkavy）著

汪梦琦　译

有效领导的七大视角

经前人验证过的框架，
助你改进决策，增强影响力

中国科学技术出版社
·北京·

Copyright © 2020 by Daniel Harkavy
Published by Baker Books, a division of Baker Publishing Group
All rights reserved.
The simplified Chinese translation rights arranged through Rightol Media
（本书中文简体版权经由锐拓传媒取得 Email:copyright@rightol.com）

北京市版权局著作权合同登记　图字：01-2022-0164。

图书在版编目（CIP）数据

有效领导的七大视角 /（美）丹尼尔·哈卡维著；汪梦琦译 . —北京：中国科学技术出版社，2022.3

书名原文：The 7 Perspectives of Effective Leaders: A Proven Framework for Improving Decisions and Increasing Your Influence

ISBN 978-7-5046-9439-3

Ⅰ.①有… Ⅱ.①丹… ②汪… Ⅲ.①领导学—通俗读物 Ⅳ.① C933-49

中国版本图书馆 CIP 数据核字（2022）第 045192 号

策划编辑	杜凡如　龙凤鸣	责任编辑	杜凡如
封面设计	马筱琨	版式设计	锋尚设计
责任校对	张晓莉	责任印制	李晓霖

出　　版	中国科学技术出版社
发　　行	中国科学技术出版社有限公司发行部
地　　址	北京市海淀区中关村南大街 16 号
邮　　编	100081
发行电话	010-62173865
传　　真	010-62173081
网　　址	http://www.cspbooks.com.cn

开　　本	710mm×1000mm　1/16
字　　数	119 千字
印　　张	12
版　　次	2022 年 3 月第 1 版
印　　次	2022 年 3 月第 1 次印刷
印　　刷	北京盛通印刷股份有限公司
书　　号	ISBN 978-7-5046-9439-3 / C·191
定　　价	59.00 元

（凡购买本社图书，如有缺页、倒页、脱页者，本社发行部负责调换）

导读
Guided reading

领导不易

"冷战"结束后,美国军方用"乌卡"(VUCA)时代来形容当时的世界。乌卡时代即一个易变的(Volatile)、不确定的(Uncertain)、复杂的(Complex)、模糊的(Ambiguous)时代。如今,许多人也用这个词形容当下的商业环境。

对此,我们应该如何理解?

本书并非想要建造一个能让你驾驭的与当今商业环境同样复杂的乌卡时代模型,而是想让你更加轻松地理解什么是领导力。本书不是要求你掌握更多的能力,而是想帮助你串联起领导力内涵的各个要点,让你专注于做正确的事情。

本书会提供一个经前人验证过的全新的框架,让你成为一个更具有效领导力的领导者。如果坚持使用本书中的方法,无论是你本人,还是你的团队,或者是你所在的公司,都能获得更好的成果。实现这一切的前提也十分简单，那就是你的领导效能，这取决于你的决策能力和你所具有的影响力。

决策不是万能的

在与我共事过的人中，阿曼达算是一个聪明人。最开始我培训的是她公司的首席执行官，大约两年后，我转而培训她。

那位首席执行官深受员工的爱戴与尊敬，曾带领公司绝处逢生，让原本近乎破产的公司摇身一变，成为业内极具创新性且极为成功的公司之一。当他准备退休时，公司开始四处寻找他的继任者。董事会物色了四位候选人，包括两名内部员工和两名外部人士。当时身居高级副总裁的阿曼达一跃而上，成为公司内部的主要候选人。她熟悉公司的整体业务和产品，与主要供应商和客户的联系都颇为紧密，财务方面的业绩也十分完美。

乍一看，阿曼达完全满足公司未来的发展需求。不过，在对她培训六个月后，我发现了几个危险信号。

虽然阿曼达以往的业绩十分优秀，可名声却不太好，员工纷纷表示很难在她手底下工作。有人认为她十分自信，而有人却觉得她总是居高自傲。同事们认为她是个发奋图强的人，但要求过高，甚至总是贬低他人。一位同事评价她说："阿曼达似乎无所不知，也能迅速做出决策，并且这些决策往往都十分正确，但有时又会给人一种独裁的感觉。她不会给同事留下讨论或建议的空间，因此团队常常不认同她的想法，甚至并不愿意遵从她的领导。虽然在她的领导下我们实现了大部分目标，但仍有进步的空间。这些年来，团队也流失了不少优秀人才，因为他们总觉得自己并没有真正成为团队的一分子。我觉得，如果阿曼达能让团队中的成员有机会参与讨论、表达意见，那么我们能更大限度地避免决策失误。"

> 你的领导效能取决于两个因素：你的决策能力和你所具有的影响力。

尽管阿曼达通常能够做出正确的决策，但是她缺乏影响力。比起依靠团队共享的知识、技能和经验推动业务发展，她更依赖自己的知识、经验和个人魅力。大家听从她的领导是因为她所具的知识和所处的职位，但很少觉得自己融入团队，也缺少额外付出心血的动力。因此，阿曼达的领导力不足是因为她难以影响自己的团队。

培训期间，我与阿曼达进行了谈话。她承认自己在这方面需要提升，但改变几十年的坏习惯并修复破裂的人际关系并不是一朝一夕的事。

最终，公司告知阿曼达："你不适合这个职位。"她为此感到很受伤，她在这家公司待了将近20年，曾一度认为业绩和进步足以证明自己的能力，可董事会并不这么想。

影响力也不是万能的

我初次见到卢卡斯是在一次大型的公司会议上，当时他正在向近千名员工发表演讲。卢卡斯与父亲共同创立了一家科技公司，十年间，即使外部投资寥寥无几，这家小公司依然成长为具有知名度的公司。

卢卡斯擅长钻研产品，十分有远见，他父亲则在程序和数字方面天赋极佳，两个人组成了一个优秀的团队。

父亲退休后，卢卡斯成为首席执行官，但之后的两年间公司一直在原地踏步。公司利润不断缩水，面临的竞争愈发激烈。同时，新产品发布日期拖了又拖，决策失误也在不断增加。

在对该公司的高级营销副总裁进行了大约三个月的培训后，我会见了其他高管。我想更好地了解这位客户和他的公司。接下来的两天，我和公司的管理团队逐一见面，当然也包括卢卡斯。他看上去极有领导风范，十分迷人，还是一位优秀的倾听者。这时我才明白为什么他的团队、员工、客户，甚至媒体都这么喜欢他！每当他谈论自己的愿景、公司未来的产品会如何改变这个行业时，他都着实充满了精力和热忱。

但在他身上我也发现了一些危险信号。

虽然卢卡斯热爱谈论未来，喜欢畅谈那些他希望自己的公司今后能达到的位置，但似乎对公司当下的定位毫无兴趣。他的洞察力只限于未来，而在公司当前的方方面面，他的洞察力几乎毫无展现。业务的核心（产品、客户、成本、流程）仿佛与他毫无关联。和我交谈时，他把最近让公司陷入困境的几项决策归因于"坏运气"，而后迅速试图重新调整谈话的重点。卢卡斯团队的一位同事评价他说："卢卡斯确实是一位能鼓舞人心的领袖。团队里的许多人，包括我在内，都愿意为他赴汤蹈火。但不得不承认，愿景和兴奋都只能带我们走到目前这个位置。如今公司运营不善，系统效率低下，大家总是花太多时间谈论问题和机遇，而不关注执行战略和决策以推动公司向前发展。我相信卢卡斯对公司怀有的愿景，但我不确定公司是否能撑到愿景实现的那一天。"

虽然卢卡斯有着很强的影响力，但他的团队对他做决策的能力失去了信心。因此，他们怀疑他是否有能力领导公司走向未来。一些同事甚至开玩笑说，他们采取了一些变通措施，不让卢卡斯参与公司的运营。因此，他的领导能力差是因为他不能做出正确的决策。

两年后，一家竞争企业收购了卢卡斯的公司。新老板带来了截然不同的领导团队，解雇了卢卡斯和此前公司的大部分员工。

两者缺一不可

以上两位不同的领导者宛如两个半圆。一位能做出优秀的决策，却缺乏影响力；另一位拥有巨大的影响力，却无法做出好的决策。在这个日渐复杂的乌卡时代，二者需结合才能实现有效领导。

回到上文提到的前提：

你的领导效能取决于两个因素：你的决策能力和你所具有的影响力。

做到这两点，就万事俱备了。我提出的有效领导的七大视角能帮助你在这两个方面有所受益。

七大视角

你有过这样的经历吗？

在闹钟响前30分钟醒来，发现收到了来自海外的同事的短信，需要你尽快给他答复。新的一天已经开始，此刻的你正处于反应模式：走进厨房，准备今天的第一杯咖啡，并思考怎么回复他最好；回复完短信后，又用手机浏览了一遍收件箱，一边还在等着咖啡煮好；之后，又回复了几封可以马上回复的邮件，看几条领英（LinkedIn）[1]或Facebook的通知。20分钟后，你猛然意识到自己正在看几个十年未曾联系过的朋友的度假照片。时间飞速流逝，你喝完一杯咖啡，跳进车里，开往办公室。在与堵车抗争的时候，你还不忘打电话给行政助理确定今天的安排。

你到办公室的时间比预期的晚一点，接着就与同事开始了计划外的谈话，并且无法脱身，之后就要开始今天七场会议中的第一场。此刻，你突然发现一位同事一小时前就在你的桌面上留了便条，告诉你首场会议将在两分钟后开始。你完全没有时间准备，匆忙进入会议室，在会议刚开始时尽全力浏览相关信息。

你再次浏览这场会议的安排，发现有太多的事情需要讨论，否则无法有效处理最重要的事情。随着会议的进行，你或许会感觉到会议室里的气氛愈发沉闷，因为大家心里都明白，时间不够了。或者更糟的是，你感觉到了团队的冷漠，因为他们清楚，会议不过是在浪费时间。又一场会议结束，依旧没有做出什么决策，团队不得不过一会儿接着讨论相同的主题。接着又是一场会议，你匆忙赴会，没有时间喘息、

1　全球知名的职场社交平台。——译者注

思考，也没有时间为接下来的安排做充分的准备。

与我合作过的大多数高管都有过不同程度的相似经历。"有用的信息太多，可时间又如此有限。"他们说，"我如何能确保自己的关注点是正确的，并且不错过任何信息呢？"以如今大多数企业和领导者的"乌卡"速度，这一挑战变得更加困难。

我们根本没有足够的时间在一天中翻遍从各个方面提取的所有数据、信息和资源，所以我们创造了有效领导的七大视角，以助于：

- 串联领导力的每个要点。
- 提升自信心。
- 简化个人角色。
- 提供清晰思路，实现更有效的领导。
- 聚焦最重要的工作。

有效领导的七大视角能迫使你跳出自己已有的知识和经验看问题，从而获得必要的提高领导效能的视角。然后，你便既能提升影响力，又能做出更好的决策。

以下是对有效领导的七大视角的简要介绍，也是作为领导者的你在通往更有效领导的道路上要遵循的方法。

第一视角：现状

身为领导者，你必须脚踏实地。如果你连当前的业务都处理不好，又怎么能有效地管理并领导大家迎接当下的机遇和挑战呢？

第二视角：愿景

身为领导者，你必须放眼未来，看清企业的发展方向。你应该绘制出清晰又有吸引力的未来蓝图，吸引其他人全身心投入，共同创造新成果。

第三视角：战略布局

在现状与愿景之间，你需要进行战略布局，这样才能促进公司有目标地、自信地前进。

第四视角：团队

有效率的领导者明白，仅凭他们个人无法洞悉事物的全貌。因此，身为领导者的你必须从团队的视角看问题，通过提出正确的问题，最全面地理解团队面临的挑战和机遇。

第五视角：客户

你必须要清楚自己的客户是谁、他们为什么重视你的产品或服务，以及他们当前和未来的业务需求是什么，这样才能更好地服务客户。

第六视角：角色

你能带给公司什么独特的价值？你是否清楚如何执行最关键的工作？你必须学会将精力集中于只有自己能做的事情上，同时学会把任务委派给他人，或者培养他人处理额外工作的能力。

第七视角：局外人

你可以通过局外人的看法来审视自己的思维和观点。这种不带偏见的信息能拓宽思路，明确思维盲区，帮你跨出舒适区。伟大的领导者会积极寻求并发展这种由信任驱动的关系。

虽然我十分乐意向你保证本书提供的框架一定能解决每一个领导者会遇到的挑战和难题，但我并不能这么做。如果不了解你和你的公司，我无法做出任何确定的承诺。

但我想重申一下，如今我们所说的领导，并不是要求你"确定"什么事情。市场太过复杂多变，很难保证任何事情确定无疑。世事变化的速度和步伐如此之快，比起确定，自信是你更好的目标。

如果你等到完全确定时才做决策或行动，那时间就太长了。

网络时代早期，开发、构建并发布创新型软件的速度非常快。硅谷的领导者知道，如果要等到软件毫无程序错误再发布，那就太迟了。竞争对手会将其挤出市场，消费者的需求也可能会发生变化。

> **世事变化的速度和步伐如此之快，比起确定，自信会是更好的目标。**

这些领导者并不需要确定，而是需要自信。他们只需要相信自己的产品足够好，没有任何错误，能给客户带来价值。朝前走远比完全确定更加重要。如果等到确定后再行动，他们早就被其他人甩在身后。

同样的理念也适用于当今的领导者。有效领导的七大视角并不是让你对将要做的每一个决策或行动都有十足把握，而是让你提升自信，能在这个过程中，从每一个必要的角度看待业务，从而取得成功。它能帮助你拥有坚定的自信，相信自己正专注于正确的事情，相信事业会蒸蒸日上；它会帮助你消除那些耗费精力的事情，让你有信心在正确的时间从正确的人那里得到正确的信息，从而做出更好的决策，扩大影响力，提高效率。

虽然我不能确定它能帮你渡过任何一个领导难关，但我有信心，只要你持续使用这个框架，你的领导效能就能得到提高。

之所以对本书如此有信心，有三个原因。首先，有效领导的七大视角已经帮助我改善了领导公司和团队的方式。其次，在为本书的写作做调研时，我会见了超过25位来自耐克（NIKE）、家得宝（The Home Depot）、美国海军、联合国儿童基金会（United Nations International Children's Emergency Fund）、克拉特·巴雷家居公司（Crate & Barrel）[1]的资深领导者，他们讲述了自己的亲身经历，证明这一框架提高了他们的领导能力和效率。最后，我的团队在过去几年间已经带领数千名客户学习了这个框架，他们的经历、故事和成功告诉我，这个框架卓有成效。

所以我知道，它对你也会有用。

无论你的公司业务范围、所处阶段或者规模如何，有效领导的七大视角都将帮助你提高影响力和决策能力。你领导的成败也正是由这两种能力所决定的。

掌握模型：运用七大视角，收获更多

缔造冠军（Building Champions）公司[2]的核心领导理念之一是自我领导总是先于团队领导。

基于这一理念，我们通常会帮助客户制订某一计划，有意识地发

---

1 美国知名的中高端家居连锁零售商。——译者注
2 作者建立的一家为领导者提供领导效能指导与培训的公司。——译者注

展他们生活的方方面面，而非过度聚焦于少数几个方面（按如今的生活步伐和生活结构来看，人们极易陷入后一种情况）。

这一紧张的过程迫使领导者认真审视自己目前的生活状况，制订切实可行的计划，帮助他们改善自己的领导方式，以及有目的、清晰地生活。这样一来，他们就能对其所领导和服务的对象产生更大的影响。

几年前，我曾帮助一名客户经历这一过程，他制订了一个极为庞大的计划和几个行动步骤。几个月之后，我接到了他的电话。他听起来怒气冲冲，并质问我为什么他花了时间来完成这一过程并制订自己的计划，结果什么都没有改变。"什么都没变！"他大声吼道。

我安抚他，与他讨论这个难题，并问了他几个问题。首先，我想搞清楚他多久复盘一次这个计划。

他的回答是：从来没有过。

然后，我想听听他是如何利用该计划指导他的行动和决策的。

他的回答仍然是：从来没有过。

他承认，自己制订完计划就把它封存了，之后就再没看过一次。

所以，单有一份改善生活和领导能力的计划，却不付诸行动是远远不够的。你必须切实地复盘并执行该计划，让它成为你的生活和工作的一部分。

有效领导的七大视角这一框架的使用也是如此。仅仅简单了解这几个视角是不够的，你必须在行动中运用它们，让它们成为你日常领导工作中的一部分。

在本书之后的章节中，我将带你仔细研究每一个视角。我希望你不仅能理解它，还能知道自己可以如何利用它来提高领导效能。我会为你提供实例、技巧和策略，帮你做出更好的决策，提高你的影响力。这将对你的领导方式产生直接影响。

不过，在逐一解读每个视角之前，我想先介绍三个基本做法，这有助于你从这个框架中得到更多收获。

有目的的好奇心

诺贝尔奖得主纳吉布·马哈富兹（Naguib Mahfouz）曾说过："你可以从一个人的应答来判断他是否聪明；但判断他是否明智，得看他提的问题。"好奇心在优秀的领导力中起着至关重要的作用。卓越的领导者不仅仅要提出问题，还要培养"有目的的好奇心"。

优秀的领导者不会仅专注于行动或了解，而是强调质疑和理解。他们带着有目的的好奇心，以不同的方式看待领导力，总是希望通过提出正确的问题来获得正确的信息，从而更深入地吸引周围的人。问题的关键不在于这些领导者知道什么，而在于他们既能看到又能理解周围人知道什么。

所有卓越的领导者都会培养这种有目的的好奇心。他们对待问题的态度是不懈地找到最佳答案。有目的的好奇心使他们能够放慢脚步，思考所提出的问题，从而使他们的团队得到最好的答案——不仅仅是他们想听到的答案，而是能够帮助他们做出最好的决策、领导好团队的答案。

谦虚

可以说，谦虚是"有目的的好奇心"的基石。无论是在领导效能的培养中还是在有效领导的七大视角框架中，谦虚都起着重要作用。

如果领导者没有怀着一颗真正谦虚的心，怎么能提出正确的问题呢？怀着一颗谦虚之心，领导者才能听取那些他并不愿意听到的答案。伟大的领导者无论如何都会提出棘手的问题，他们宁愿现在感到不舒服，也不愿以后失败。

优秀的领导者都怀着一颗谦虚的心，即使收到负面反馈，也不会有任何抵触情绪。相反，他们会认真倾听这些反馈，虽然不一定赞同，但会确保自己倾听并理解身边的每个人。

优秀的领导者知道成功永无止境，也知道自己永远有新东西要学，永远需要付出。为了成功，他们知道自己必须抱有好奇心，保持开放的心态，并谦虚行事。

融入

如果不把有效领导的七大视角框架融入你的日常工作，你就无法从中受益。有效领导的七大视角不是一次性或孤立的行动，你要把每一个视角都看作一种持续的训练方法，让它们成为你日常工作的一部分。

优秀的领导者会把这一框架作为其战略规划和业务管理的基础，他们的讨论和决策离不开这几大视角。比如：

> 我们的客户会怎么想？
> 我们需要从团队成员那里听取什么意见？
> 我们是否拥有执行这一战略所需的资源？
> 如何与我们的愿景保持一致？
> 这个新举措是否与我们当前的战略投资一致？

优秀的领导者会简化领导力，将注意力集中在基本要素上，既不浪费精力，也不分心。如果你能把有效领导的七大视角融入做的每一件事，你就能做到这点。

潜在盲点

简单和容易是两个完全不同的概念。虽然有效领导的七大视角框架很简单，但领导者可能不会很容易就能有效地利用它来提高领导效能，以获得自己想要的结果。

幸运的是，我们知道领导者为什么实践起来并不容易，他们往往会遇到以下五个常见的障碍：

缺乏全局观

有些领导者会忽视其业务或领导力的某一领域，有时候这是因为他们缺乏认知。这些领导者往往过度关注两三个领域，缺乏系统、结构或方法来帮助他们统观全局。

忽视其中的某个视角

有些领导对七大视角有基本的了解，但不认为所有的视角都值得花时间学习或关注。也许有一些报告能帮助他们看到某几个视角，但团队从来不会花时间去回顾或讨论这些；或者领导层表示要重视客户的声音，却从来没有花时间与客户面对面坐下来真正了解他们的想法。一些领导者认为这些视角仅仅是可供他们选择的一些方法，而不是他们依赖和信任的东西。

对视角缺乏理解

有些领导者虽然已经考虑到每一个视角所必需的系统和

结构，但并没有真正理解它们。这就和"询问正确的问题"有关了。优秀的领导者不会依赖一份报告或快速更新的东西，而是通过深入挖掘并提出正确的问题去真正了解每一个视角。他们不仅会注意人们正在说的东西，还会注意他们没有说出口的东西。有目的的好奇心驱使他们前进，直到他们真正清楚自己需要什么，而不仅仅是想要什么。

对视角不进行思考

如果领导力的效力与领导者做出的决策和影响力有关，那么最好的领导者会明白留出时间思考和反思才是关键。他们认为反思是一种高回报的活动。在一个过度压缩的世界里，领导者经常以反应模式行动，这让他们无法做真正最需要和最有价值的事情。

不依据视角行动

归根结底，每一个视角都与行动息息相关。领导者如果能从这七个视角全面地看待自己的工作，就能利用其指导自己的一切工作。如果没有利用所见来做出更好的决策或提高自身的影响力，他们作为领导者的效力就会降低。

现在，我们已经知道盲点会如何降低领导者的效率，所以之后在每一章结尾处，我都会重新审视这七大视角中每一视角最常见的盲点。了解最严重的盲点在哪里，你才能采取积极、有效的措施来消除它们。

你需要一个不错的 GPS（全球定位系统）

我的一位朋友开车的时候即使是在熟悉的街道上，只要来的方向与平时不同，就会迷路。后来，谷歌地图改变了他的生活。

全球定位系统（Global Positioning System，GPS）是一个由美国政府运营的卫星网络系统，可以让用户知道自己的位置，能精确到几英尺（1英尺=30.48厘米）之内。因此，只要你清楚自己所处的位置，也知道自己想去哪里，GPS就能帮你到达。

你可以把七大视角看作领导力的GPS。将每一视角付诸实践，你就能确定你目前的位置、你的目的地，以及走向未来所需的知识。

不知道起点，你的旅程就无法成功。如果你对旅程的起点都一知半解，那就永远无法到达目的地。因此，七大视角中的第一视角——现状——是之后所有视角的基础。如果你连这个都不清楚，那结果很有可能南辕北辙。

...

为了成功,

领导者知道自己必须永怀一颗好奇心,

保持开放的心态,

并谦虚行事

...

目录 Contents

导读

领导不易

七大视角

掌握模型：运用七大视角，收获更多

第一视角——现状

什么是现状视角 / 3

了解公司现状 / 5

计划、进程和人员 / 9

现状和领导效能 / 11

是时候做决策了 / 12

现状是你的起点 / 16

第二视角——愿景

什么是愿景视角 / 22

创建愿景 / 26

愿景和领导效能 / 32

机会差距 / 36

第三视角——战略布局

什么是战略布局视角 / 45

了解战略布局 / 50

战略布局和领导效能 / 53

反复强调,赢得胜利 / 56

设定坐标 / 60

第四视角——团队

什么是团队视角 / 65

建立团队视角 / 69

换位思考 / 74

团队视角和领导效能 / 76

正确实施 / 83

第五视角——客户

什么是客户视角 / 89

了解客户视角 / 94

客户视角和领导效能 / 98

挑战 / 103

第六视角——角色

什么是角色视角 / 111

了解你的角色 / 113

你的角色和领导效能 / 121

第七视角——局外人

什么是局外人视角 / 133

了解局外人视角 / 138

局外人与领导效能 / 143

没有必要独自前行 / 148

将七大视角付诸行动

后记 / 158

| 现状 | 愿景 | 战略布局 | 团队 | 客户 | 角色 | 局外人 |

第一视角

—

现状

有效领导的七大视角

Saddleback Leather的首席执行官戴夫·曼森（Dave Munson）巧妙地将一个服务公司伪装成了一家皮具公司。曼森和他的团队制造了十分精美且质量非常好的皮包——甚至是印第安纳·琼斯（Indiana Jones）[1]或欧内斯特·海明威（Ernest Hemingway）[2]都会背，甚至在百年之后，你的子子孙孙都会因这个包争抢不休。曼森为此感到骄傲不已。

从公司成立的那一天起，曼森的生意就在稳步发展。2007年，他的公司业务实现了跨越式发展。因此，他很难兼顾所有事情。曼森最喜欢创意方面的工作：营销、产品设计、出差与供应商和供货商见面、写博客，于是聘请了一位首席运营官来帮助他管理日常运营工作，这样他就可以花更多时间专注于自己喜欢的工作。

曼森很快就将大部分财务管理和扩大业务规模的工作委托给新的首席运营官。但随着时间的推移，曼森开始失去对团队的影响力。为什么呢？因为他失去了对业务日常运作的关注。

这一做法几乎让他的公司毁于一旦。

"我投入到那些自己擅长、自己喜欢的工作中，"曼森对我说，"却把剩下的工作都丢给了其他人。然而，如果你不关心公司，不再提出真正有用的问题，员工就不会再尊重你，也不会重视你说的话，不会

---

1 《夺宝奇兵》系列电影的主角。——译者注
2 美国作家、记者，被认为是20世纪著名的小说家之一。——译者注

重视你的意见，因为你与很多工作毫无关联。这是我的亲身经历。"

幸运的是，曼森发现了问题所在，很快就重新参与到公司的运营中。不过这一次，他开始在委派任务和参与日常运营之间寻求平衡。他知道自己需要了解业务，需要确定团队需要什么样的支持才能把工作做到最好。

曼森的故事不是个例。许多领导者，尤其是创业者，都会选择把时间和精力集中在他们认为最能带来个人乐趣和成就感的地方。至于那些对产品、服务或客户充满激情的企业领导者，当他们把时间投入到更有吸引力和活力的业务领域时，就会感到精力充沛。他们认为这是对自己才能的最佳利用。只要有正确的管理和领导流程、优秀的人才和正确的眼光，他们就是正确的。如果他们对公司的日常机制和运作缺乏了解，就会把自己和公司都置于巨大的风险之中。

什么是现状视角

现状视角就是要求你了解公司现阶段的情况。优秀的领导者会紧紧抓住公司的脉搏，他们知道该看什么、什么时候看，也知道某件事传达了什么讯息。更重要的是，他们知道该问什么问题。

每个公司都是独一无二的，但大多数领导者有一些共通的定义现状的指标，主要有以下九种：

1. 财务：现金流、收入、利润、盈余、主要财务比率、信贷等。

2. 产品线：周转时间、数量、质量、多样性、来源。

3. 执行：主要措施的状况。

4. 运营：长处、效率、能力。

5. 人才或人员：业绩、替补力量、继任规划、发展。

6. 文化：组织的整体健康状况。

7. 外部因素：竞争、经济因素、立法变化、环境压力。

8. 品牌：印象、感知、趋势、立场。

9. 客户：客户整体满意度、当前和未来的需求和趋势。

确定现状不只要看现阶段的情况，也要清楚未来的方向。几个月后你希望自己发展如何？几个季度之后你又会怎样？同时，你也必须清楚自己曾经所处的位置。

优秀的领导者清楚把一个组织引领至当前位置的关键因素是什么。他们渴望从历史经验中吸取教训，避免重蹈覆辙。

基于对过去的了解，他们知道未来几天、几周或几个月可能会出现的机会。对新领导者来说尤其如此。无论他们是前往新的部门工作、升职，还是前往新公司就职，都必须了解过去的情况。好的领导者会与尽可能多的员工进行深度谈话。他们会从历史出发，了解过去的趋势、决策和战略如何在现在发挥作用。他们试图了解这些关键数据如何发挥作用、如何让企业到达如今的位置。为什么只需从过去的关键事件中吸取教训，就能轻松地避免犯错呢？

领导者接手一个新部门或加入一个新公司，也必须考虑部门或公司的文化。部门或公司文化是如何形成的？为什么会变成这样？如果不从历史的角度来了解这种文化，领导者就有可能只关注流程，会浪费很多时间和精力。公司内部的人需要被倾听和理解，因此领导者必须有勇气和好奇心去倾听。

了解公司现状

不要寻求什么通用的"现状"，因为所有的公司的情况都是不同的。相反，为了更好地理解公司当前的状态，你要确定需要定期回顾的内容。请高度重视这个视角，它会一直，甚至永远出现在你的日程表上。让它成为领导节奏的一部分，你才能始终把握公司发展的脉搏。

该多久回顾一次帮助你了解现状的指标呢？答案并不固定，取决于公司的状态。

有效领导的七大视角

举例来说，对于缔造冠军公司而言，在一切工作都进展顺利时，其领导者就不需要像遇到困难时那样频繁地查看每一个关键指标。在管理一家公司长达二十多年的时间里，一定会有需要逐日、逐时查看某些关键指标的时候。所有的领导者都曾有过"濒死挣扎"的经历，那时他们别无选择，只能双眼紧盯所有关键的投入和产出。

真正的挑战往往出现在公司发展顺利的时候。在这种时候，很多领导者开始对公司的关键指标避而不谈，对有效领导的第一视角的关注有所放松。不过，最优秀的人会把这一点铭记于心，无论公司的状态如何、处于淡季还是旺季，他们都要把握好公司的经营现状。

如果你想知道为了让机器实时运转应该问什么问题，则需要从关键指标中获得信息，它们会帮你掌握业务中所有关键的事情。其他六大视角都依赖于第一视角，忽视或是小看这一视角，都会毁掉其他视角依存的基石。

根据我个人的经验，公司发展得越大，就越难把握这一视角。

美国的弗兰克·布莱克（Frank Blake）在政府工作多年，曾担任美国能源部副部长。在私营企业，布莱克是家得宝的前董事长兼首席执行官，现任达美航空董事会的首席董事。

布莱克和我聊起领导者看清现状有多难。"你可能会认为评估现状是最简单的任务，"他说，"可实际上它是最复杂的，因为在大多数情况下，公司都不想让你知道这些。"你可能会觉得这怎么可能呢。

第一视角——现状

布莱克解释说：

"现状往往与公司的最大利益冲突。虽然公司需要不断调整，但也不喜欢变化。有时出于自我认为的最好的理由，人们会不断试图掩盖实际发生的事情。

"比如，只要人们认为自己能解决问题，便不想让别人知道问题的存在。很多时候，人们只想着解决它（却没有实际行动起来），以至于发展到根本无法解决的地步。大多数人都想在领导发现之前给"解决问题"增加价值，因为他们坚信应该这么做。即使情况已十分危险，他们仍不会悬崖勒马，而是试图让现状看起来模糊不清。"

优秀的领导者都会有一个清晰有效的清单，可以借此掌握部门或公司的需要看到的东西。在此我想重申，没有一种方法是万能的。制造业公司领导者的清单与零售企业的清单一定会有所不同。

你的清单必须能提供业务决策所需的信息，你也必须定期回顾它，而不是只在遇到困难时看上一眼。好的领导者会有规律地回顾工作的点点滴滴。

一家健康的公司需要每周回顾一次关键信息，大多数成功的领导者都坚持每周检查一次公司的"命脉"，否则不会知道需要了解什么信息才能做出最好的决策。

没有任何一位领导者可以无时无刻兼顾所有工作，但却都可以创造出一个可供查看所有事情的结构和系统，并借此随时回顾最重要的内容。

那么，对你的公司来说，什么是最重要的信息？又可以用什么样的程序定期确定这个"最重要"的信息呢？

加文·克尔（Gavin Kerr）在加入缔造冠军公司担任首席执行官之前，曾在医疗保健行业担任过多个高级领导职务，任职单位包括美国宾夕法尼亚大学医疗系统和美国费城儿童医院。当时，为了让团队专注于现状，他将业务目标分为五块内容：护理质量、服务质量、员工的健康和效率、公司发展和财务业绩。医疗保健这一领域非常复杂，但有了这五个业绩标准作为过滤器，克尔和他的团队得以一直专注于最关键的业务领域。

"我们非常努力地将'现状'浓缩到一页纸上，包括关键的优先事项和指标，"克尔说，"我们用它来持续监控自己的效率和执行力。每个月我们都会和领导小组一起回顾，确保没有人脱轨，也确保公司里所有的领导都清楚现状如何。"

如今要把握公司现状需要付出的努力比十年前少得多，技术能够让我们看到实时的数据指标。我们现在对商业领域的掌握是十年前领导者们梦寐以求的。不过，技术可以是朋友，也可以是敌人。如果你完全信任数字和产出，而带着有目的的好奇心去了解这些数字未能告诉你的东西，就无法获得一个全面的视角。

那么，看完这些之后，你应该问些什么问题呢？

计划、进程和人员

除了指标、数字和产出，"现状"还需要你对计划、进程和人员等情况有全面的理解。

2006年，艾伦·穆拉利（Alan Mulally）加盟美国福特汽车公司（Ford Motor Company），任首席执行官。在他所接手的体制中，领导者们害怕别人觉得他们软弱，因此拒绝公开谈论问题。穆拉利知道，他的领导团队不可能在没有清晰定位的情况下扭转福特汽车公司的局面，因为不能确定他们是否在朝着关键目标前进。

穆拉利建立了一个以问责制为重点的周会制度。在会上，团队成员必须就各自的目标提供清晰的图表向大家汇报最新情况。图表上的各个目标以特定的颜色标明，以反映其状态。绿色表示目标运行正常，黄色暗示出现问题，红色意味着脱离轨道。虽然穆拉利的团队给一个目标贴上绿色或黄色的标签很容易，但却没有人愿意给目标贴上红色标签。过去，从来没有人愿意承认出现错误或是工作偏离了轨道。穆拉利需要完全清楚福特汽车公司的"现状",但在这之前,他必须赢得整个团队的信任。

在一次周会上,马克·菲尔兹(Mark Fields,之后成了艾伦·穆拉利的继任者)迈出了勇敢的一步,给自己的一个项目贴上了红色标签。菲尔兹这么做的时候,穆拉利鼓掌向他表示感谢。他没有羞辱或嘲笑菲尔兹,而是表现出对这位同事的诚实的欣赏。团队的其他人都注意到了这点。

穆拉利从菲尔兹那里了解到的这条信息,是为了有效运营公司并做出正确的决策,同时也可以为其提供所需要的资源。这反过来又提高了完成这个项目的可能性。随后,穆拉利和他的团队一起帮助菲尔兹制订了一个解决方案。很快,其他领导者开始更诚实地介绍自己目标的进展情况,不久之后,全面公开的项目进度和协作的解决方案成了福特的常态。

福特汽车公司是一个非常典型的例子,充分说明了数据透明化的重要性。穆拉利说:"在那一刻,我们都知道,大家要互相信任,要分享有关计划的一切,还要互相帮助,才能把红色变成黄色,再变成绿色。"

在缔造冠军公司,近十几年来我们一直使用这种颜色系统,我们的很多客户也在使用这个系统。这个系统能迅速帮助你和团队了解企业的"现状",并做出正确的决策。

- 绿色状态意味着这个项目在团队掌握之中，正在按计划进行，你不需要再浪费精力去思考或谈论这一项目。
- 黄色状态意味着这个项目必须进行讨论，也许还需要做出一些调整。你可以与相关人员安排适当的会议，以便将黄色转回绿色。
- 红色状态意味需要叫停现在所有的工作。团队中的每个人都明白，出现这一状况时，身为领导者的你必须找出问题并找到解决方案。

现状和领导效能

不了解公司现状可能会让你的事业毁于一旦。美国海军潜艇艇长兼中队指挥官约翰·麦克冈尼格尔（John McGunnigle）非常了解这一道理。

在潜艇入水之前，麦克冈尼格尔艇长和船员们会"为潜水做好准备"——对潜艇做彻底的安全检查，确保一切正常。这个过程事关生死。他们必须百分之百确定潜艇为即将到来的潜行做好了准备。做准备的这一过程让艇长对自己和船员不会因为粗心或纪律性不够而丧命于此充满信心。而这种信心也传达给了船员，他们相信即使是错过其他安全检查潜艇也不会沉没。大家都知道，他们的"现状"包括遵循安全检查程序，这使他们可以把精力集中在其他必须做的关键工作上。

你的团队成员必须知道，作为他们的领导者，你知晓并理解团队的"现状"。

你对公司现状的信心会给团队带来信心，并提高你的影响力。现状是基础，若你把这一点弄错了，那其他一切都会崩塌。

现状视角让你有信心做出绝对的最佳决策。因为你了解公司的现状，清楚发生了什么，了解公司的所有内部运作，这反过来又给你的团队增加信心，因为他们知道你"清楚"。同时，你的能力、理解的广度和深度也让他们信任你的决策，这也足以证明你不是脱离现实的象牙塔式领导（这是一个很常见的问题）。

这种信心不仅限于你的团队成员，其他关键人员——无论是你的客户、合作伙伴、银行家，还是董事会——也会对你更有信心。你对现状的坚定把握让大家更容易支持和追随你。

是时候做决策了

深入了解公司的现状，有时需要谦虚和真正的勇气。你可能会发

第一视角——现状

现这通常需要做出一些最困难的决定。

通常情况下，你需要冒着引发冲突的风险与团队成员进行艰难的对话。你必须提出尖锐的问题：哪些工作做得好？哪些工作不顺利？并且必须探索出任何不可接受的结果背后的"原因"。

有人会说："没什么问题，在七大视角中，现状是最简单的一种。"别这么肯定！正如弗兰克·布莱克所说，它可能是最具挑战性的。

若你把现状视为理所当然，或者把它完全忽略，那当然会容易得多，因为确定现状需要进行大量的艰苦工作。现状始终会给你抛出许多难题，作为领导者，你只能"孤军作战"。

我很喜欢军队中的一句话"任务为重，团结为先"。身处公司之中，领导者反而很难看清现状。很多时候，领导者不想完全了解现状，因为他们害怕自己不得不做出艰难的决定。

领导者总是会避免做出对公司最有利的决策，因为这往往需要与团队成员进行艰难的对话。而那些围绕业绩、行为、能力或纪律的讨论往往非常困难。对我个人而言，这是一个持续性的挑战，但我始终提醒自己：任务第一，团结永远。

潜在盲点

不要过于乐观

领导者大多是乐观的，认为他们有能力绘制一个美好的蓝图，并寻求积极的力量降低风险，或者做困难的工作推动团队和公司前进。过度关注积极的一面往往能证明他们所做的决定是正确的，他们也因此很难看清公司的真实情况。

可若只是坐在象牙塔里想象，领导者就会失去影响力。人们不会相信他的能力，也不会相信他关心公司的实际运作，更不会相信他会把团队或客户放在心上。领导者往往不愿承认公司中发生的不太好的事情。

获取所需的东西

作为领导者，你不要让当前的报告或指标阻碍自己的发展。如果你需要通过一些衡量标准或数字来正确看待并理解现状，那么这些标准或数字应该是触手可及的。你需要与团队合作开发正确的系统和报告，以便看到所有应该注意的领域。做出任何必要的改变都需要时间和资源，但看不清"现状"所付出的成本通常更高。

不惧困难，勇敢面对

不要做一个一味逃避的领导者。如果对自己的公司的发展方向没有坚定的信念，看不到更好的未来，那么处理有关现状的问题就会让你感到不知所措。如果你不把这些问题看作改进的机会，它们就会对你不利。若你不把挑战看作做出更好决策、挖掘员工潜能以让其创造出最佳解决方案的机会，就会成为谚语里把头埋在沙子里的鸵鸟，这会让你失去影响力，让公司遭受损失。

用领先指标作为指导

我经常听到领导者说："嘿，我已经解决了有关现状的问题。我手上的这六份报告涉及所有内容。"然而，在进一步分析之后，我们通常会发现，他们并没有获得所需的一切。他们使用滞后的指标和数字来了解公司的历史，当看到这些指标时，他们可能已经处于困境中了。

滞后指标是上学期的成绩单，而你必须看到当前的学习情况才能预测本学期的成绩。同样的，过去一个季度的数据并不能为你提供足够的信息来对未来做出决策。你需要考虑当前关键业务发展的趋势、面临的挑战，确保今天部署的战略能让你实现目标。

作为领导者，你必须始终把公司的使命和宗旨放在第一位。若把人放在首位，你就会发现自己在不断地试图取悦每个人——但每个人都有不同的需求、意见、欲望和舒适区。因此，如果总是把注意力放在团队成员和任务上，你的领导效能就会受到影响。

现状是你的起点

其他每个视角都是基于现状视角发展而来的。如果你在错误的GPS里输入目的地，并且没有准确的起点，那么得到的方向就会是错误的。同样，作为一名领导者，你可能清楚自己想把公司带往何方，但如果不清楚起点，就永远无法到达。

很多领导者在这里迷失了方向。在职业生涯的早期，他们知道自己必须看清公司的命脉，了解现状。但成功之后，也许是因为他们觉得这样更刺激，或者更符合自己的能力和激情，便开始思考更多的战略性问题，更关注其他的视角，久而久之，他们会逐渐淡忘这个最基础的视角。

如果你也犯了这个错误，它会让你承受损失。尽管一个错误的决定很少会让你或你的公司垮掉，但随着时间的推移，一系列小而糟糕的决定会逐渐削弱你的领导效能，导致公司没落。当领导者不再关注、热心当前的业务，不再在"现状"的基础上建设公司，公司便会失败。

当你考虑接下来的六个视角时，要明白现状视角可能是你在未来几个月或几年内提升领导效能的最佳工具。当身居领导之位时，你永远不能把了解"现状"的任务完全委托给其他人。

勇气和有目的的好奇心是相辅相成的。同时具备这二者，有纪律地孕育出一种开放和信任的文化氛围，你才能对现状有最佳理解。只有这样，你才能做出绝对的最佳决策。培养有目的的好奇心能提高你的影响力，让团队看到你对现实、机制和公司现状有浓厚的兴趣。

作为一名领导者，

你可能清楚自己想把公司带往何方，

但如果不清楚起点，

就永远无法到达。

| 现状 | 愿景 | 战略布局 | 团队 | 客户 | 角色 | 局外人 |

第二视角

—

愿景

星巴克（Starbucks）最初是一家出售咖啡豆的商店，顾客从这里购买整粒或磨碎的咖啡回家煮。它的前首席执行官霍华德·舒尔茨（Howard Shultz）在其《将心注入：一杯咖啡成就星巴克传奇》（*Pour Your Heart into It: How Starbucks Built a Company One Cup at a Time*）一书中，描述了他在1983年的一次意大利之旅，那次旅行改变了他的生活和事业。

漫步意大利米兰，舒尔茨邂逅了意大利的咖啡馆文化，领略到它的优雅和社交能量。在看到当地人边喝精心制作的意式浓缩咖啡边互相交谈后，他灵光一现：

"和爱喝咖啡的人建立联系，不一定局限于他们的家中。我们可以在咖啡馆里，亲身解开咖啡的浪漫与神秘。意大利人深知人与咖啡之间的亲密关系，也明白咖啡馆提供的社交功能……

仿造意大利，提供浓缩咖啡可能是星巴克在行业中脱颖而出的重要因素。如果我们能在美国重现正宗的意大利咖啡馆文化，也许会引起其他美国人的共鸣，就像它引起我的共鸣一样。星巴克可以成为一个伟大的体验之所，而不仅仅是一个巨大的零售店。"

第二视角——愿景

舒尔茨将星巴克视为介于工作和家庭之间的第三个场所，人们可以在这里聚会交流，同时品尝美味的咖啡。当时，星巴克的所有者并不赞成他的愿景，但舒尔茨相信自己会有所作为。凭借着这份坚定的信念，加上坚持不懈的努力，他把愿景变成了现实，也永远改变了很多人对咖啡的消费方式。

舒尔茨有能力让无形的想法变得有形。他在书中明确表示，自己想为人们的生活带来积极的改变，这也为他的愿景提供了动力。他把自己在意大利的独特体验带到了美国，并为此兴奋不已。他热衷于为家庭、职场、社区和自己的事业创造美好的东西。

舒尔茨的愿景让我产生了共鸣。那些拥有充满活力的文化、充满参与感的员工的公司，往往有这样一个领导者，他所看到的远不止产品或服务。

这样的领导者清楚自己的企业为什么存在、如何影响其他人。他们清楚公司的发展方向，能够描绘出一幅充满活力、令人信服的未来图景。并且，他们谈论这个未来的方式也能让自己和周围的人兴奋不已。

你也能这样审视自己的公司吗？愿景对于做出正确的决策和影响他人至关重要，这也是我把它视为第二视角的原因。

什么是愿景视角

到底什么是愿景？是公司的使命宣言，还是目的陈述？它是对未来的切实描述吗？虽然没有确切的定义，但我所看到的最有效的愿景都有几个共同的要素。愿景是以书面形式呈现的。一个不成文的愿景就像使用GPS却没有指定目的地一样。当领导者将愿景用文字表述出来，并不断回顾它时，大脑的定位系统就会启动，使大脑知晓需面临的风险和压力，引导自己承担必要的责任，采取必要的行动以到达目的地。大多数伟大的愿景都源自真切的压力和激情。

但作为领导者，愿景既源自你的内心，也存在于你的身体里，与你的身份、行为密切相关。美好的愿景不仅存在于你的脑海，也能在你心中生根发芽，促使你付出非凡的努力，经历苦痛、风险、自我牺牲，将一个无形的想法创造为一些具体的东西。

还以Saddleback Leather公司的戴夫·曼森为例。关于寻找愿景，他想了很多。"伸手去抽屉里拿铅笔的时候，你知道自己在找什么，你的手掠过其他东西，订书机、回形针、打孔器，直到摸到铅笔为止。你的肌肉开始行动——抓住它——因为你知道要找什么。如果你只是想着，'我只是在找东西'，然后把手伸进去摸了摸，那么你的身体就并不是在行动，也并没有让愿景成真。"

"愿景也是一样。如果你清楚自己未来的方向，那你和其他人就会很自然地以一种特定的方式行事，以一种特定的方式做决策，也就能到达想去的地方。"

优秀的领导者能在脑海中看到自己的目的地。他们相信这一愿景，并反复为之计划筹算，并引导其他人也加入其中，为其制订策略、调整人员资源。一切行动都是为了到达目的地。作为一名领导者，意味着你要负责创造一个远比现状更好的未来。

有效的愿景能描绘出一幅更美好的明天。如果领导者口中说着："来吧，让我们呕心沥血，铸就两年后和今天一样糟糕的未来。"那么谁会接受他的领导呢？这种黯淡的前景会造成一种平庸、失败的文化。优秀的领导者知道如何激励员工，并让他们积极参与其中，以促进公司的成功。

大多数伟大的愿景都能激励人们成为"最好的人"。那么，要如何衡量"最好"呢？最好的领导者总是能更深入地解释"成为最好"很重要的原因。"我们如何才能做出最好的产品、提供最好的服务、影响最多的人？"回答这个问题能改变你和你所领导的人。

2015年，我开始给马丁·杜墨（Martin Daum）上课，那是他担任戴姆勒货车（北美）公司首席执行官的第九年。当时正逢戴姆勒货车公司的经济不太景气，业务没有达到母公司所期望的水平，杜墨接管了该部门。

杜墨开始推动公司转型。他设定了一个愿景，明确阐述了如何

...

那些拥有充满活力的文化、

充满参与感的员工的公司，

往往有这样一个领导者，

他所看到的远不止产品或服务。

...

第二视角——愿景

使戴姆勒货车公司要成为全球货车市场的领军者。他希望公司在拥有业务的每个国家都能占据行业的主导地位。"只要拥有40%的市场份额，我们就成功了。"他说。

在过去的十年里，杜墨带领公司在一个充满考验和挑战的地方，逐渐成为全球市场的领军者。毫无疑问，当他对同事们说"在未来的某个时刻，我们将占据行业主导地位"时，有不少的反对者。当然，根据当时的情况，他们有足够的理由怀疑。我相信甚至有些人会怀疑杜墨是否理智，怀疑他是否了解公司当时的现状。

但马丁·杜墨有能力预见并引领公司到达一个更好的明天。他相信可能发生的事情，并对未来充满乐观。因为完全清楚自己所设想的未来，所以他可以做出正确的决定，引导人们朝着他的愿景前进。

如果你想发展、传播你的愿景，并使其效力最大化，那么请确定它能通过以下两个测试：

- 清晰：你能依据自己的愿景制订周密的计划吗？它是否清晰、详细地阐述了未来的模样？在愿景中，你公司未来的业务是什么样子？谁会成为这个组织的一部分？你的公司在未来几年会如何运作？一个清晰的愿景可以让你制订好战略和计划，将你从现状带入所期望的未来状态。
- 吸引力：你的愿景是否具有吸引力？它是否会激励你作为领导

者进入一个风险较高的非舒适区？一个有吸引力的愿景会激励领导者建立一个非凡的组织。这样的领导者能预见并相信未来可能出现的非凡事物，能深刻地看到并相信这一愿景，以至于觉得有必要以几乎孤注一掷的状态带领员工从当下走向未来。他们以十分清晰和充满激情的方式谈论极有吸引力的愿景，使得组织中合适的人都跃跃欲试，愿意接受、参与、冒险，并完成非凡的事业。

创建愿景

在多年前的一次旅行中，我读到了吉姆·柯林斯（Jim Collins）和杰里·波勒斯（Jerry I. Porras）写的一篇好文章——《建立你的公司愿景》（Building Your Company's Vision）。在这篇于1996年刊登于《哈佛商业评论》（Harvard Business Review）的文章中，作者清楚地解释了为什么领导者必须有一个具有吸引力的愿景才能做出更好的决策。

此后多年来，我们也一直让客户阅读这篇文章，并建议他们可以将其作为一个框架，帮助自己创建愿景。在过去的十几年里，在这篇优秀文章的启发下，我们也建立了自己的框架，并将其命名为"3B"

愿景。为了最大限度地吸引员工的思想和思路，所有领导者都必须回答三个至关重要的问题：

- 我们属于（Belong to）什么？
- 我们要成为（Become）怎样的人？
- 我们要创造（Build）怎样的未来？

下面我们快速浏览一下3B愿景中的每个问题。

我们属于什么？

1962年，戈登·西格尔（Gordon Segal）与妻子卡罗尔·西格尔（Carole Segal）一起创立了克拉特·巴雷家居公司。如今，该公司在9个国家拥有100多家商店和特许经营合作伙伴。虽然西格尔夫妇是带着寻找和创造美丽产品的愿景和激情开始事业的，但目标不只是为了赢利。我知道戈登完全清楚这个问题的答案。他告诉我："成功的生意必须以使命为导向，而不是以利润为导向。"

除了财务目标和个人成就，你团队中的每一个人都本能地渴望一种归属感。若你的团队成员能够清晰而坚定地回答"我属于什么"这个问题，就会全心全意地帮你实现愿景。这里的关键问题是，你能否清楚地识别和阐明你期望在组织中体现的组织文化、个人品德和职业道德。如果你不确定如何回答这个问题，那就从明确自己的信念、行为和目的开始吧。

信念是你愿意为之奋斗，并且不会妥协的价值观和信仰。你通过信念对信息进行过滤，做出所有的决策。你会问："这个机会与我的信念一致吗？"如果一致，那就去追求它；如果不一致，就拒绝它。越熟悉自己的信念，就越能做出好的决定。要想清楚自己的信念，你必须做到：

- 明确自己的立场。
- 即使处于竞争劣势，也要继续坚持。
- 不懈追寻。
- 认清自己真正的信仰，而不是认为自己应该相信的东西。
- 真实、直观地展现自己的生活。
- 不受市场生命周期、技术突破和管理方式的影响，始终如一。
- 由你和你的团队共同完成。

行为是可观察到的、表明领导者的信念的行动。哲学家和历史学家托马斯·卡莱尔（Thomas Carlyle）曾说："信念不转化为行为将一文不值。"从信念中产生的明确行为，是其在日常生活中的证明。行为必须：

- 成为行动的标准。

- 清楚地显示公司的期望。

- 明确界定你对他人的期望和他人对你的期望。

- 为公司文化奠定基础。

目的是你在公司存在的根本原因，是推动你前进的动力。目的比销售的产品更有深度，能让你所做的一切都充满意义。目的必须：

- 确定公司存在的原因。

- 体现你工作的动机。

- 抓住你信念的灵魂。

- 为"你为什么做这个工作"这个问题提供答案。

- 始终比单纯的赢利更有意义。

我们要成为怎样的人？

大多数员工将他们清醒时的大部分时间都投入到公司的运营之中，如果你想让他们有针对性地度过每个小时，必须能够回答这样一个问题："在这家公司投入宝贵的时间，能使我们在职业和个人方面发展为什么样的人？"那些清楚自己花费时间不仅仅是为了获得薪水，还是为了职业和个人的成长的人，会更加努力、更加投入地工作。他们没有把公司看作一个可替代的、只是为之服务的地方，而是将其看作成就自我的一个重要场所。这样的心态会直接影响到员工的投入度。

这部分愿景与你和公司未来的丰富多彩的故事密切相关，它确定且概述了为实现愿景你必须建立和掌握的关键领域。它之所以能激励人，是因为它提醒你和你的团队成员要前往何方，又将成为什么样的人。若你能围绕公司的一个非常具体的领域描绘出一幅生动的图画，希望在那里看到增长、改进和更美好的明天时，那你便掌握了这第二个"B"。

想象一下，如果你走进时光机，前往二十年后的公司。然后四处走走，它看起来怎么样？给你怎样的感觉？大致写一写未来的样子（是要真的写在纸上）。如果你想更清晰地把故事讲给别人，最重要的就是要把它写出来（注意要包括具体的细节）。这幅生动画面应该回答以下问题：

- 我们的团队在未来会变成什么样子？
- 我们的品牌将以什么闻名？
- 我们的客户会有什么样的体验？
- 我们会如何影响我们运营的社区？
- 我们会如何吸引和培养人才？

- 我们会如何进行利益分配？
- 我们的技术和系统能让我们做什么？

优秀的领导者也具备卓越的讲故事的能力。他们往往会讲述一个令人信服的关于未来的故事。故事讲得越清楚，领导者就越容易指引其所领导的人的头脑和心灵。

我们要创造怎样的未来？

你首先要怀有明确的"远大目标"，否则就无法回答"我们要创造怎样的未来"这一问题。那些巨大的目标让人觉得很有吸引力，而且看起来很远大，完成它们需要你的团队比以往任何时候都更努力、更聪明地工作。"远大目标"不是短期目标，需要你在未来的几十年里持续不断地努力才能实现。这些目标听起来要非常大胆，以至于当你告诉别人时，他们可能会怀疑你能否实现它们。"远大目标"必须具备以下几点：

- 是一项艰巨的挑战，而不仅仅是一个合理的目标。
- 听起来明确、令人信服。
- 能统一工作重点。
- 能发扬团队精神。

- 能设置一个明确的终点，让你的团队知道何时达到目标。
- 有形、具体、重点突出。

愿景和领导效能

《圣经·箴言》中有这样一句话：没有异象，民就放肆。我一直觉得这个观点同样适用于领导者。

没有愿景，领导者如何能预见未来？没有愿景，领导者如何能让一群人各展所长？没有愿景，每个人都会毫无目标地奔向自己的目的地，没有方向。

无论一个组织有多少"领导者"，要是他们缺乏远见——不能看到一个非常具体的、更光明的明天，那么只能算是管理者。

如果他们不能引领大家走向一条通往光明未来的道路，不能制定战略，不能让员工全身心地参与进来、创造更美好的明天，那就没有做好领导工作。

如果没有确定的目的地，领导者就只是在对周围发生的事情做出反应，只是带着员工漫无目的地走在崎岖的路上，没有人知道自己或团队要去向何方。

领导者有责任，也有机会把员工带向一个更好的目的地。

第二视角——愿景

领导者都相信自己是有逻辑的，只根据事实来做决策。但依据科学和经验，其实并非如此。虽然经常使用事实来为决策提供依据，但领导者也是情绪化的生物，无论是在做决策之前还是之后，领导者很大程度上会跟着感觉走。领导者会根据自己的所见、所想和所感来规划和管理人员、流程和资源。然而，如果领导者只根据自己的感觉来做决定，就会让自己处于巨大的风险之中。

如果没有一个清晰的、令人信服的愿景，作为领导者，你所做的决策就达不到最佳效果，将永远无法获得作为领导者的影响力，也就没有"真北"[1]来激励你，指引你前进。而没有"真北"，成功就会十分渺茫。

虽然你必须描绘出一个更美好的明天，但要到达这个明天，就必须面对今天的挑战，抓住今天的机会。如果没有愿景，你就无法与他人结盟，无法以此影响他们，更无法实现最高的成功概率。

愿景在公司内部十分关键，可以帮你寻找同伴。缔造冠军团队为上至行政级别、下至一线经理的领导者提供培训，事实证明，对他们来说，愿景起着至关重要的作用。

愿景必须从公司的最高层开始。首席执行官的愿景能为整个公司指明前进的道路，每个人也都必须发自内心地认同并为之努力。

---

[1] 指地面上某一点指向地球北极的方向，大多数情况下北极星就是真北。在此处有启明星、前进的目标之意。——译者注

有效领导的七大视角

首席执行官以下的领导者除了要传达和实践公司的愿景外，还必须对自己的部门和团队有一个清晰的愿景。无论处于哪个级别，领导者的愿景都必须吸引团队中的每个人，并使其愿意为之付出努力。

在对自己的部门和团队设定愿景时，你首先要以首席执行官的愿景为指导。公司中每个领导者的愿景必须与公司愿景保持一致，同时支持公司的愿景。把首席执行官的愿景想象成照亮整个公司的一盏灯，你离他越远，光就会变得越暗；你的愿景与公司的越一致，光就会变得愈亮。单独来看，首席执行官的愿景往往缺乏力量或强度，无法时刻照亮整个公司。但若公司的众多领导者的愿景互相补充、相互砥砺，这样，一致的愿景不仅可以发光发亮，甚至可以点燃整个公司的热情。

一个反复重申、令人信服的清晰愿景会让团队成员更有可能投入到他们的工作中。

团队中的每个人都可以清楚知道为什么他们今天所做的工作很重要，也能清楚地将自己的工作与未来的方向联系在一起。他们愿意冒险，因为他们能更清楚地看到未来，并且坚信好事将成。因为他们的领导者为他们描绘了一个极具吸引力、令人信服的愿景。

如果你想提高自己作为领导者的影响力，就必须将愿景视为一把不可或缺的钥匙。这把钥匙能帮员工理解并相信这趟旅程背后有重要的原因。你的愿景必须超越你所提供的产品或服务，这样才能回答员

第二视角——愿景

工关于目的或是使命的问题。

你是否正领导着一个团队或一家公司，但却很难与人分享一个不只是赚钱的愿景？从这个角度出发可能会对你有所帮助——一个伟大的愿景不仅能让员工知道他们要前往何方，还能告诉他们为什么要做现在做的事。不论公司规模大小，伟大的愿景都能激发员工付出巨大的努力。

不久前，我与一家大公司的高管聊天，讨论起他职业生涯的下一阶段。他为这家价值数十亿美元的公司工作多年，已成为高级别的领导者之一。但他似乎对自己的工作毫无兴趣、漠不关心，甚至有些消极。

"公司的愿景对你有什么启发？"我问道。

"没什么启发，"他回答，"我们现在讨论的就只剩下让利润从多少亿涨到多少亿。"

"这个对你来说重要吗？"我探问道。

"对我来说一点儿也不重要。"他断然回答。

"那么，"我继续说，"如果这都不能激发你作为一个领导者的热情，那你怎么能指望它能激励公司的其他人呢？"

"的确不行，"他坦言，"尤其是当这些利润的大部分并没有分配到整个公司的时候。"

我们的谈话给了他一些灵感。他回到办公室，重新思考了自己的愿景，如今，这个愿景不仅激励着他自己，也激励着他的团队和他领导的公司。

你是否清楚你打算创造怎样的未来？你设想的公司的未来能否让你心跳加速？如果没有，你就会开始失去信心。当你开始丧失信心时，你的领导力也会受到影响。

机会差距

一个伟大的愿景能让你有机会改进，有机会创新、发展，激发你的活力，让你在未来能够创造远超今天的可能性。这也就会衍生出我们称为"机会差距"的概念。

机会差距是什么？就是现状（第一视角）和愿景（第二视角）之间的差距，前者是我们的出发点，后者是目的地。如果没有这前两个视角，领导力的定位系统根本无法发挥作用。

重申一次，这不是一次性的练习，也不是"随便做做"就可以的事情，你必须将其牢记在心。事实上，它意味着你的领导力的起点。你对愿景的信任、信念和投入激情的程度，将对你的决策、行动、对话、行为和结果产生惊人的影响。

不久前，我和我的客户之一，耐克创新战略公司耐克探索团队的副总裁迈克·杨克（Mike Yonker）聊了许久。他的工作就是构建未来。"领导者需要相信未来。"迈克告诉我，"若是领导者对未来有所怀疑，其他人很快就会发现，并且不再参与进来。领导者的信念是会传染的。"

如果想在领导的过程中让无形的东西变得具体，你就必须充分了解第一视角和第二视角。它们能助你做好计划，更接近未来的愿景。

"现状"和"愿景"是领导力定位系统的前两个部分，在下一章中，我则会为你提供一个框架，让你从"现状"走向所期望的未来。虽然我希望领导者拥有真实的定位系统一样的准确性，但这终究只是期望。这也是我为什么不把第三视角称为"战略保障"而是称为"战略赌注"的原因。

潜在盲点

永远不要太过安逸

在获得一定程度的成功时，你往往会变得骄傲自满。公司为你和周围的人造福，你则会逐渐在公司周围筑起一道栅栏保护自己，以便它能够继续为我们造福。

于是衰败就这样开始了。

当你不再专注于脚踏实地，不再创造，不再成长，不再努力成为更优秀的自己时，公司就会开始衰落。

你的愿景是否清楚地说明要创造怎样的未来以及你要成为怎样的人？如果答案是否，它就没有为你指明明确的目的地。如果心中没有明确的目的地，你就无法设定从此处到彼方的成功战略。因此，在设定愿景时要问自己一个关键的问题：这个愿景是否清楚地描述了如何让我到达一个更好的未来？

经常回顾

你要前往何方？如果你想成功地在变革中前进，并让自己成为未来公司中所需要的领导者，必须经常提醒自己（以及周围的人）前进的方向。

2007—2009年，世界金融危机爆发，我作为领导者亲历了那段困难的时光。当看到一些客户苦苦挣扎，甚至破产时，我感到不知所措。那时，如果没有持续不断地回顾我们的愿景，我甚至不知道自己是否有勇气去做需要做的事情。尽管当时我们对有些新产品感到兴奋不已，但由于它缺乏冲击力，也没有达到一定的数量级，最终还是决定放弃。通过愿景，我可以清楚地看到我们未来的样子，因此清楚要坚持核心的工作。回顾这个愿景给了我做出艰难决定所需的力量，它不仅给了我所需的适应能力，使我能够对危机做出适当的反应，还督促我时刻保持前进。

不断回顾愿景，你能收获前进的信心、清晰的思路和努力的动力。时刻将愿景谨记于心，它就会超越你所做的事情，真正成为你作为领导者的一部分。然而，若你不投入必要的时间定期地、有意识地回顾它，那这一切都不会发生。

重复、重复再重复

18世纪英国文学评论家、散文家、诗人和传记作家塞缪尔·约翰逊（Samuel Johnson）曾说："人们往往更需要有人提醒他而不是告诉他。"

愿景不是告诉人们该怎么做，而是要描绘出一幅让他们兴奋的画面，并让他们和你一起去实现。在公司活动中宣布或在休息室里挂一张海报来实现这一点是不可能的，你要重复，一遍又一遍地向员工重复，以此来传达你的愿景。我怀疑很多领导者都做不到"过度分享"一个愿景。

我曾犯过这样一个错误，取消了前公司周一上午的团队会议，不久之后，公司文化开始发生变化。后来，我吸取了教训，从缔造冠军公司成立到今天，三十年来，每个周一我都会与团队重复我们的愿景。提醒你的团队他们属于什么、将成为什么、将创造什么。提醒团队他们做了什么，为什么这么做对团队及公司的发展至关重要。

商业顾问帕特里克·兰西奥尼（Patrick Lencioni）在他的《优势》（*The Advantage*）一书中写道："除了他们的职位，伟大的领导者还把自己看作首席提醒官。"他们这么做有何不可？真正对自己的愿景充满激情的领导者都应该乐于分享，并经常与大家分享。

相信我，你的团队需要不断地听到你的愿景，这样他们才能保持专注，真正参与到你想创造的文化、目的和未来中。不断提醒他们："你们将在这个惊人的把未来变为现实的过程中起着关键作用。"

用进废退

很多领导者将愿景视为一项孤立的活动，认为只需要偶尔为之、努力即可，认为一旦有了愿景就万事大吉了。

这实在是天下最离谱的事。

如果你想真正从愿景中提升自我，就必须将它融入你的领导方式和公司的日常运营。你要把它作为一个锚点来构建你的计划和战略（本书下一章会对此有更多介绍）。试着在团队会议或是领导层会议上回顾它，提醒员工他们的目标和方向。

用这份愿景来吸引关键角色全力支持。请记住：愿景可以成为你与银行家、投资者、合作伙伴等人合作的关键。

你可以在面试时与未来的员工分享愿景，看看他们能否与愿景产生共鸣，了解他们如何看待自己在其中扮演的角色。将愿景作为公司文化的锚点，让它指导你的日常决策、行为和行动。

若你"写完"了这份愿景，就把它存放在某个抽屉或归入电脑文件夹中不再翻看，就会错失良机。相反，若你不断回顾、分享它，它就可以改变公司发展中的一切——尤其是能改善你所做的决策，增加你的影响力。

只有立足于现状，立足于愿景，你才能为下一个关键阶段做好准备。只有这样，你才能构建战略，使战略布局成为可能，并以各种方式执行战略，带领你和公司走向更美好的明天。

"若是领导者对未来有所怀疑，

其他人很快就会发现，并且不再参与进来。

领导者的信念是会传染的。"

——迈克·杨克

现状 — 愿景 — 战略布局 — 团队 — 客户 — 角色 — 局外人

第三视角

—

战略布局

战略布局会有回报吗？来看看克拉特·巴雷家居公司的故事。

戈登·西格尔和卡罗尔·西格尔用17000美元在美国芝加哥街头开了第一家克拉特·巴雷家居商店。和许多年轻的都市人一样，他们曾去欧洲旅行，回到美国后却仍对旅欧的经历念念不忘。他们想把欧洲厨房的美感和艺术性带到美国，于是开始直接从欧洲购买厨房用具和餐具在美国销售，省去中间商，让美国普通大众也买得起欧式风格的家庭用具。

如今，克拉特·巴雷家居公司以高品质、高价位的家具而闻名，但最初并非如此。最开始几年，它与其他小公司的关注点相同，都是怎样才能办好公司。起先，西格尔夫妇为了把欧式风格的餐具引入美国市场，在营销上花了不少时间和金钱。随着公司的发展，他们开始更专注于橱窗和地板的销售，也完善了产品的种类。

八年来，戈登和他的高级团队一直在讨论是否在公司的核心产品中增加家具这一想法，但由于变革范围过大、过于复杂而暂缓。公司需改变其整个结构，包括生产，商店布局、展示，以及仓储和交付等各个环节。当时，一位关键的团队成员提出了一个想法，正是这样一句简单又机敏的话帮助公司渡过了难关。

"我们可以把餐具放在桌子上展示，"一位天才的视觉设计师对戈登说，"在销售餐具的同时也售卖桌子！"

"这个看似简单的想法让我们相信自己一定能成功，"戈登告诉我,"当时我们一共有60家门店,要这么做必须把所有门店的面积都扩大一倍以上。但这个决定改变了克拉特·巴雷家居公司的未来。"

时至今日,戈登仍为他的愿景满怀激情。起初,他们夫妻二人就一直认为生活方式和家居用品是对等的。他们打赌美国国内市场的消费者也会喜欢这样的方式——这次大胆的变革得到了回报。此外,一名深受信任的员工的大胆观察又促使他们做了另一个大胆变革,借此不仅改变了公司对店面面积的需求,还改变了产品的整个供应链。第二次大胆变革(在许多方面风险更大)也得到了回报。如今,家具销售占该公司业务的一半以上。

什么是战略布局视角

战略布局是指一些对公司目前的经营方式有所补充或全然不同的新举措。

不要把它们与你本季度甚至未来一年的计划混为一谈。战略布局的目的是缩小"现状"(第一视角)和"愿景"(第二视角)之间的差距。

如今已经没什么人会设定长达五年的战略计划,在这个快节奏的乌卡时代,布局的时间越短,获得回报的概率也越高。万事万物都在飞速变化，若你在规划上浪费太长时间，那这个新的解决方案很有可能变得不再有用。一般而言，大多数战略布局的时长从十八个月到三年不等。在进行战略布局时，你一定要做到以下两点。

一方面，一定要在了解现状的基础上开展战略布局。若非如此，失败的概率会非常高。起点错了，成功与否只能靠运气。

另一方面，一定要将所有战略布局与愿景挂钩。正确的起点很重要，但同时你也需要一个准确的目的地。如果一开始就定错了起点和终点，那么途中所有的努力都只会让你偏离方向，最终到达一个与你的愿景截然不同的地点。

从现状、愿景、战略布局三个视角出发，你和团队的讨论才有意义，你们可以探讨公司目前的定位、想去往何方，以及该如何到达那里。你可以与他们进行一些具有挑战性的对话，探讨要做出哪些战略布局才能推动公司前进并从中获益。

许多领导者都会"以守代攻"。他们只对面前出现的挑战和机会做出反应，以被动的方式做出所谓的"战略决策"，而不去关注自己需要看到的东西。麦肯锡的一项研究报告显示，70%的新的大规模战略举措都会失败，也许这就是原因之一。这意味着，从战略上看，你成功的概率只有30%。这样一个惨淡的数字应该会让每一个领导者感到不安。

立足于公司现状和愿景的战略布局能令你处于进攻状态。

第三视角——战略布局

你开始主动而非被动地做决策，创造出有价值的新策略时，能让自己充满信心地向前迈进。

战略总是涉及一些风险。你无法保证每个策略都会得到回报，也不能保证会完全按其执行。你需要对自己投资的战略布局充满信心。因为已经做了第一视角和第二视角的基础工作，吸引了其他人的投入——这一点在之后的第四视角（团队）和第五视角（客户）中我们还会谈到——故而你希望自己能有很高的概率得到回报。然而，我们谁也不能百分之百地确定能够成功。缺乏确定性意味着还是存在风险，所以我们又将其称为赌约。无论你有多大的信心，都至少应该为其而紧张，因为它们毕竟是赌注。但当你遵循这个框架时，成功的概率往往会增加。

家得宝公司的前首席执行官兼董事长弗兰克·布莱克就认为，在考虑战略布局时保持紧张是十分重要的。"你必须要赌。"他告诉我，"我曾和一个人做生意，他有一句话说得很好：'做生意最忌讳口袋深、胳膊短——吝啬小气。'所以你必须下注，必须伸手到口袋里下注。那些让你把钱包扔到马路中间的赌注才是重要的，因为它们让你紧张不已。"

战略布局应该要让你感到非常紧张，以至于觉得自己必须跑到马路中间，在车流中找回自己的钱包。这种布局需要大量的投资：金钱、人员，甚至是你的领导信誉和自我。一旦把钱包放在马路中央，你别无选择，只能去把它找回来。

同时感到自信和紧张似乎是矛盾的，对吗？事实上，它们之间的关系也可以很紧密。信心给了你进行战略布局的勇气，而这些战略布局又会让你感到紧张。有时你对一个布局的感觉越不焦虑，潜在的回报就越低。

虽然我们可能想用自己拥有的一切来投注，但这完全不可能。过去几十年间，我一直以自己白手起家而自豪，也一直在零债务的情况下经营公司，但这样很可能拖了公司的后腿。在过去的二十年里，我们纯依靠利润来扩大公司规模。回顾从前那段时期，我如今才觉得，自己本可以走得更远。如果我更自信、更大胆、更愿意感觉紧张，我可能会为公司做出更好的布局，尽管风险更大。那时，我们是否可以通过负债，用更好的方式来为更多的领导者服务呢？或许可以吧（当然，为了执行一些有充分基础且稳定的战略布局，如今我们也承担了部分"聪明的债务"）。

并不是所有下的注都会有回报，你应该设定一些应急计划，让不完全有效的布局不会威胁到公司的生死，也要明白前进的道路上总会有失败。失败是改进的必要催化剂，它能使你达到最佳的结果，也有可能增加你下注的回报率。

在过去的二十年中，我一直在向领导者们发表有关愿景、战略和执行的演讲，在演讲时，我会要求听众补全这句话：失败＿＿＿＿我。

我会请他们说出在看到这句话后脑海中想到的第一个词。最常见的答案是"失败定义了我"或"失败吓到了我",还有少部分人会说"失败教育了我"。

最后一种领导者战略布局的成功率往往是最高的。他们预料到了失败,坦然接受失败。这些领导者希望失败尽快到来,以便让自己快速学习并调整。

如果你不有意识去深挖战略布局中的缺陷,成功的概率就会大大降低。只有怀着快速失败、评估、调整、前进的心态才能创新。改变对失败的想法,也许能给你最好的机会去改善,让公司易守为攻。是的,战略布局对你来说可能就是这么重要。

对失败的思考也能帮你识别所谓的绊脚石。举例来说,如果到某个设定的日期时,你只完成了整个项目30%的工作,那就可能需要取消这个项目。这些绊脚石让领导者不带任何感情色彩,提前做出决策。它们使领导者不至于陷入妄想或自私的偏见,认为他们仍然可以完成任务,或者觉得有义务继续下去("我们都已经做了这么多了")。那些忘记为战略布局设定具体的绊脚石、关口或标准的领导者往往会变得情绪化。"已经很接近了,"他们总会说,"让我们继续推进吧。"或者反应过度,说:"我们完全错过了。"在领导者布局之前,他们必须准备好接受布局的失败。

这其中一定涉及风险,风险就意味着有失败的可能。不过,失败并不能定义我们，它其实是一个学习的机会。托马斯·爱迪生说："我没有失败一万次，我只是发现了一万种行不通的方法。"失败和减少损失本就是创新的一部分，也是经营公司必须经历的一环。我们称其为"下赌注"，是因为它们没有保证。但失败时，你也能从中学习到什么。而且即使失败了，也应该庆祝，因为失败意味着你愿意创新和投资。为失败做好准备可以让你以不同的方式看待第三视角，这种方式也能帮助你为成功做好准备。

了解战略布局

为了提高战略布局获得回报的概率，一定要明确它们究竟是什么。你首先要尝试理解布局背后的原因。请记住，战略布局的目的是缩小现状和未来的愿景之间的机会差距。你可以从任何一个视角出发进行战略布局。

源于"现状"的战略布局通常是为了解决某个问题、利用某个机会或是为客户创造新东西而进行的。在布局之前，你要先看看它是否与设想的未来一致。

源于"愿景"的战略布局通常是为了推动业务快速发展、加快进度以达到预想状态而设计的。在布局之前，你要先看看它是否与现状相符。你要清楚自己是否有时间和资源，在不给团队造成过重负担或分散团队精力的情况下出色地执行它。

为了有效地做出战略布局，你必须清楚它们该如何适应现状和愿景，然后不断平衡这前两个视角之间的紧张关系。

一旦你确定了一个战略布局，就要确保它是具体的、可衡量的。确定布局的确切性质，以便你团队中的每个人都能理解它并与之保持一致。

"胜利"是什么样的？你如何知道自己何时完成了任务？到什么时候你才能评估自己是赢了还是输了？

由于战略布局具有长期性，你不能一味按照结束日期来工作。以此为唯一的标志，你可能会偏离方向几个月才意识到自己的错误。沿途设置标记来衡量进度，才能知道你是否在按计划行事。

战略布局总要付出一些代价，你了解自己正在考虑的一些布局的真正代价吗？对一项战略举措说"是"，就是对其他选择说"不"。新的布局会占用你的时间、金钱、注意力，以及其他业务领域的焦点；团队中的大多数成员也会在现有的职责中增加新的任务。你看到这些对公司的影响了吗？这样的回报值得吗？

每个战略布局必须有一个明确的负责人，模糊不清会在执行时遇到麻烦。你要指定一个人（而不是一个团体或团队）来领导公司的战略布局。虽然最高领导者必须持续提供适当的方向、范围和背景，但确定的布局负责人必须有权力对此布局做出相应的决策，一个人没有权力的话很难有责任感。

同时，你还要考虑到这个视角的另一个关键点。想象两种可能的未来：失败和成功。《对赌：信息不足时如何做出高明决策》（*Thinking in Bets：Making Smarter Decisions When You Don't Have All the Facts*）一书的作者安妮·杜克（Annie Duke）对输赢有着不俗的理解，在成为世界顶级职业扑克手二十多年后，她摇身一变，成了一名决策专家。她的见解源自认知心理学的学术研究与牌桌上的真实决策经验的独特结合。

她鼓励团队对其在制定和执行战略时所做的尝试做一个预先分析。"我鼓励团队思考，若是三年后没有达到目标会是怎样的情况。"她告诉我，"无论计划是什么，如果我们都没有成功，原因会是什么？发生了什么事？为什么我们没能成功？"

虽然思考这样的问题会让团队感到不舒服，但可以帮助他们预设所有可能让战略或项目脱轨的坎坷、障碍和挫折。杜克认为，这样的练习对团队有很大的促进作用。她解释道："预先分析能让团队不那么高估事情成功的可能性——这不是件坏事。它通常会激励人们想办法提高好事发生的概率。有时，它能让你设定一个更现实的战略目标；有时，它也能让你意识到，或许应该更加努力，因为达成目标相对来说还比较容易。这两种结果对领导者、团队和组织来说都是有益的。"

当然，没人做战略布局是为了失败。我们会做那些我们认为能获得成功的布局，而这也需要思考：如果成功了，对你的战略或是组织来说意味着什么？但有许多人或公司都没有考虑到战略布局的后果。

如果某项战略成功，你的业务增长了X个百分点，这对公司的发展意味着什么？你是否有足够的支持来满足需求？你能否处理好即将到来的额外请求？如果布局是推出一项新的服务，你是否已经想好推出后所需的所有支持内容？战略布局往往会影响到客户服务、分销或信息技术方面的工作。设想一个已经获得回报的未来，可以借此确定并规划可能受到影响的关键领域。

你必须知道战略布局什么时候才能从一个规划（需要过多的资源和关注）变成寻常业务的一部分。要想继续投资更多的战略布局，就必须腾出更多资源，这意味着你必须不断地从战略布局列表中移出事项，使其进入正常业务的操作系统。

战略布局和领导效能

我的朋友、同为高管教练的亨利·克劳德（Henry Cloud）博士说，每个领导者的首要责任都是帮助他的团队更好地思考。领导者的思路越清晰，团队成员的想法就会越好。

一旦清楚地阐明了机会差距，领导者就可以与合适的成员进行必要的交谈，帮助他们做出正确的决策，确定哪些战略布局能推进团队或公司的发展。这些交谈可以帮领导者确定大型投资、额外工作和大幅的改进，有助于领导者成为愿景里的自己。由此，领导者做决策的能力和影响力都能得到改善。

领导者能清晰地知道如何绘制一幅"地图"时，整个团队都会有很大变化，我也总是惊讶于此。若团队成员和其他核心成员都能看到你的领导力定位系统中的三个部分——你在何处、要去向何方、如何到达那里，那他们的信心和你的影响力都能与日俱增。

你可以把战略布局当作是全球定位系统的第三部分——如何到达那里。若你能做到以下几件事，效率会大大提高：

- 找对合适的人。
- 清楚业务现状。
- 精准知晓出发点。
- 获得员工对未来愿景的支持和参与。

然后，卷起袖子，按时、按计划出色地规划并执行你的战略布局吧。

　　清楚地了解战略布局，并能够定期回顾、看到哪里需要调整，团队对你的信心就会增加。维持良好的人际关系能帮你得到更好的信息，有助于做出正确的决策，决定如何为布局提供资源、投资会花费多少，以及可能需要削减哪些资源。

　　对最优秀的领导者而言，他们早就未雨绸缪，做好了布局和执行规划的艰苦工作。等到获取动力、夺得成功和新资源的那一刻，就是进行创新和创造下一个大战略的颠覆性工作的最佳时机。不要等太久才进行下一次战略布局。

　　怀着"有目的的好奇心"，你就不会感觉到那种必须提前搞清楚一切的压力，反而往往能在周围人的想法中找到最好的战略布局方案。让自己时刻保持好奇，你就会选择更好的框架，赋予团队成员更出色的执行力。若你能让自己和其他团队成员都为你的战略布局负责，那整个团队就会战无不胜。

　　做好战略布局，并对大家说："我们在前进，在进步，而不是停滞不前，被动地对这一切做出反应。"专注于改进、冒险和创新会给团队带来巨大的能量。所有人都会有无聊的时刻，做出明智的布局会让你感觉比一直在做的事情更好。通过做出清晰、明确的战略布局，你向团队成员提出挑战，让他们与你一起思考、创造、解决问题，一起牺牲，一起成长。最终，你给团队带来了新的活力、资源、支持、信心、机会和清晰的思路。如果你能做出更好的决策，影响力也会不断增强。

能做出正确的战略布局，也就证明你了解公司的现状和愿景，也知道如何根据这两者采取行动。

反复强调，赢得胜利

作为领导者，你必须创造出一个能让团队专注于执行战略布局的系统或结构，也必须与成员反复强调战略布局。

不断提醒团队成员为什么要做手头的事情，每项战略与公司现状之间的联系。将你的战略布局与美好的明天、在愿景中描述的未来状态联系起来，并确定即将执行的布局。

好的战略布局能让你和团队成员走出舒适区。大多数人都不愿走出自己的舒适区，大多数公司也是如此。规划战略布局的本质就是把每个人都带出自己的舒适区。

你与员工沟通得越多，他们就越有可能做出心理上和信念上的转变，也越有可能蜕变成更好的自己。

潜在盲点

适应改变

很多人会不适应改变。规划战略布局后，你可能会经常改变自己所做的事情、做这件事的方式，以及做这件事的人。在耐克等公司工作的高管说，他们在工作中最喜欢的是可以承担新的角色，并且不断学习，在一个被迫创新的环境中做出贡献。但并不是每个人都能接受这种变化。

合理布局

过多的布局会从根本上削弱你的领导效能。首席执行官导师加文·克尔见过很多这样的例子，许多领导者和组织都会因过度投入及其带来的负面影响而苦恼，他对我说："战略很多时候会与日常工作分离，这可能会导致一些真正的问题。你需要非常清楚对未来至关重要的3~5个布局。但要注意不要让它们扰乱公司的正常运转，否则会挤压员工的时间，而这些时间本是研发核心产品、服务客户，以及在这两方面不断改进所需的。"

弄清楚3~5个对业务影响最大的战略布局，然后出色地执行它们。追逐每一个可能成功的机会可能会很诱人，但自律的领导者会将团队的精力和注意力集中在正确的战略布局上。

惠普公司的联合创始人大卫·帕卡德（David Packard）曾说："大多数公司死于消化不良而非饥荒。"因此，确保你的布局是正确的，专注于此，并让这几个正确的布局有最大的概率帮助你获得预期的结果。

分配正确的资源

不要一开始就完全否定某个布局。在执行战略布局时，筹集资金可能是最简单的挑战，你需要面对的真正挑战是人才和时间。只有把合适的人和恰当的时间投入到战略布局中去，才能出色地完成任务。不要让战略布局所需的时间、人才或资金方面资源不足。

首先，你要确保团队中拥有合适的人才。在整个公司寻找能够为战略举措带来真正价值的拥有经验和洞察力的人才。请克制住从同一小群人中抽调人员参与战略布局的冲动，这不仅会使关键领导者负担过重，还会使布局的具体执行产生瓶颈，限制长期的领导能力和发展。

其次，不要忘记，时间也是你最大的资源。一旦开始一个战略布局，就要确保规划好时间、数据和优先事项，让自己处于最佳赢利位置。

及时沟通

不要以为整个团队都在关注并想参与战略布局的执行。执行所需的投入水平不低，你必须不断地向团队成员传达该布局的重要性，告诉他们这么做的原因，以及它对业务的影响。确保他们清楚负责该布局执行的具体团队成员有哪些，知道如果出现问题应该找谁。

还要及时让他们知晓布局执行的最新进展和预计未来几个月可能的情况，获得成绩和进展后立即进行庆祝，也不要害怕分享挫折和挑战，要有意识地将你的战略布局传达给团队中的每个人。这不仅能让他们充分了解情况，也能让他们参与其中并对未来感到兴奋。

让其他人也参与其中

确保你的团队里有合适的成员。接纳那些充满勇气、拥有不同观点的人，从客户、战略合作伙伴，以及其他与你的业务有直接利益关系的人那里获取正确的意见，不要错过投资于能够给你带来需要的专业知识的局外人的机会。若周围的人都同意你的意见，只会说"是的，老板，真是好主意"，这对你毫无帮助。

在执行战略布局时，你还要做到以下几点。第一，持续监督工作进展，关注已经设定好的衡量标准。第二，为这一时期安排特定的会议，以确保执行布局的人员合适、团队合适、关注的指标没有缺陷。第三，遵照计划，按照流程进行。不断评估目前的方向，以确保战略正在向前推进。第四，始终考虑是否将到达那些关键节点，度过那些关口，处理好可能遇到的绊脚石。并及时庆祝你在赢得战略布局的道路上所到达的关键节点，让你的公司乐于庆祝在积极变革过程中取得的点滴进步。

若你度过那些关口，正从逐步走向想象中的美好未来，请一定要庆祝自己所获的成就。庆祝和认可相辅相成，它能提高每个人所要做出的牺牲的价值，也会增加你坚持执行战略布局的信心。

设定坐标

如果你不清楚自己会在何处冒险，战略布局也不能让你每天、每周都有规律、有原则地消耗一段时间，那么你可能已经偏离了轨道。如果你没有把握好这前三个视角，那你就吸引不了投资，员工也不会全身心投入。积极掌握这三个视角，你就能从管理者变成领导者，那么你的效率往往也会通过执行战略布局获得的结果来衡量。

第三视角——战略布局

明确了你的现状、愿景和推动公司前进的步骤（战略布局）后，思路才没有出错。之后你需要开始关注下一个能提高领导效能的好机会，也就是身边的其他人。

……

让你的公司乐于庆祝在积极变革过程中

取得的点滴进步。

……

| 现状 | 愿景 | 战略布局 | 团队 | 客户 | 角色 | 局外人 |

第四视角

——

团队

约翰·拉内利（John Ranelli）在大公司担任了12年的首席执行官，在他整个职业生涯中，最著名的应该是指导并领导公司成功转型。无论是在添柏岚（Timberland）、福斯特格兰特（Foster Grant）、米卡萨（Mikasa），还是在中央花园和宠物公司（Central Garden & Pet Company），他都带领它们成功转型，并使其利润和股价大幅增长。无一次失手的记录表明，他对如何领导公司这件事颇有见地。

投身商业之前，约翰是美国海军的一名潜艇军官。在第一次执行任务中，他想了解有关新潜艇的问题和任务中可能会遇到的挑战，于是向新艇长询问了一些问题。

约翰对我说："艇长说，与其问他，不如直接去和船员们交流。我听从了他的建议，也因此学到了不少东西。之后我总会将这一做法作为开始某件事的第一步，这也对我职业生涯中每一个阶段的角色都十分重要。船员们和后来公司员工的想法、思路都非常有见地。我认为转型'是由员工带领的'，而不是首席执行官或者领导者带领的。在员工回答之后，我会问他们是否会将这些告诉上任领导，这一步更能说明一些问题。"

然而，几乎每个公司的员工的回答都是一致的："我们觉得您是第一个真诚询问并会实施这些想法的人，也相信您能给我们机会实现这些想法，这是前所未有的。"

这句话让约翰印象深刻。"每当进入一家新公司，我做的第一件事就是去员工的位置，在令他们舒适的地方听他们说话，而且不允许其他人打扰。我会直接向我的团队学习，并不引导谈话，只是倾听他们想谈的东西。他们是最接近行动的人，就像一艘部署中的潜艇。他们近距离地、亲身经历了公司的发展，比任何人都了解那儿的环境。"无论是潜艇上的海员，还是公司中的职员，他们都处在工作一线。

二十多年的高管工作让我明白，倾听团队意见是提高领导效能的极好机会之一。我们中的许多人囿于工作的疯狂、忙碌，或是高度优先的会议或项目，而忽略了坐下来好好与那些我们服务或领导的人沟通。

什么是团队视角

第四视角讲的并不是你如何看待团队，不是你应该如何看待团队成员的天赋、技能或是经验，也不是让你评判他们的表现。

恰恰相反，团队视角是让你将个人视角放在一边，争取看到员工眼中的事物。你应该承认并相信他们有不同的经验、见解和信息，了解这些你才能成为一个有效的领导者。而要真正接受它，就必须带着有目的的好奇心去寻找它。

若没有有目的的好奇心，你可能会错过他们要说的话，因此必须要用心倾听。你提问的质量、深度和谈话的节奏，对你与团队的关系十分重要。你必须证明自己想听到他们的声音，而不只是嘴上说说。

我的合伙人兼首席执行官教练雷蒙德·格里森（Raymond Gleason）说："我们需要证明自己真的在努力理解团队。让员工知道我们在寻求理解，不是为了评判什么，只是为了更好地理解。"

团队视角要求我们不再做表面功夫，不再沉溺于陈词滥调，而是创造一个空间，让团队成员可以坦诚地说出他们对公司和领导层的所见、所想和所感，而不仅仅是你想听到或希望听到的。由此，你可以更清楚地了解到团队成员认为需要什么才能成功。当他们清楚了你的期望，并且有能力、资源和工具来完成工作时，就最有可能获得成功。当他们成功时，你也就成功了。

前文介绍过美国海军潜艇艇长约翰·麦克冈尼格尔以及前潜艇军官、曾担任多家大公司首席执行官的约翰·拉内利，他们的背景相同，无论在工作上还是私下里关系都极为密切。他们都相信自己在职业生涯中发展和应用的领导原则会带领自己走向军事和商业的成功。在一次活动中，我认识了他们二人。当时，我们在与一群领导者交谈，约翰·麦克冈尼格尔和约翰·拉内利讲述了自己如何影响对方的精彩故事。

第四视角——团队

麦克冈尼格尔经常询问团队成员他该如何提高自己的能力。"我制定了一个规则,"他告诉我,"每次会议结束时,我们都要在房间里围坐成一圈,让他们说出希望我改进的某件事。我会保持沉默,认真倾听,而后休息,不会出现任何不好的后果。"

在最初的两个月,麦克冈尼格尔说:"在开始这样做的最初两个月团队仍然非常安静,没有什么反馈。偶尔有人会说些好话,但我并不想听这些。我不得不不断地催促、提醒他们,我不想让他们拍马屁。只想知道我可以改变什么、在哪里改进,什么是对我和团队成员都有帮助的。我也不需要拥抱,我需要知道到底发生了什么,如何才能提升自己对团队的贡献。"

你觉得这样的方法明智吗?如果你像麦克冈尼格尔那样领导一支潜艇舰队几十年,每当潜艇人员出发工作时,都面临着极大的风险,那么你会有意寻找潜在的救生投入,这才是有意义的。你会不断地问:"我们有哪些地方可以改进?"

你要用同样的强度和想法来看待你的公司和团队。如果不了解团队视角,你就会把公司置于危险之中。这真的是一个关乎生死的视角。

站在同一条战线上并不意味着员工总是同意领导的观点,也不是只能做出积极的反馈。在领导生涯中,你是否曾迫使员工不敢提出不同的观点?若真如此,你就拖慢了大家的脚步。相反,你要不断努力推动不同视角发展，争取创造一个让团队感到安全的环境，让他们能够表达不同的想法和意见。

前文提到的安妮·杜克是一位决策专家，也曾是位职业扑克手。她曾对我说："你需要改变公司文化，不能仅仅让大家觉得员工要呼应其他人、认为每个人都很棒、相信所有目标都能达成，而是要帮助他们认识到，一个优秀的员工为了公司的发展应该提供创造性的、多角度的观点——新的信息、新的视角、新的观点，甚至是事情失败的原因。关键是你要创造一种文化，告诉大家这样才是真正优秀的员工。"

有些公司已经将"赞歌文化"深深地融入其日常运营中。公司里的每个人都坚信"我们都是彼此的好朋友，所以在任何事情上都要保持一致"。殊不知，这样的文化会带领他们走向坟墓。

相反，另一些公司则把异议或是项目失败的原因看得太重，以至于变得像食人族一样偏执激进。以上两种情况都是不健康企业文化的极端。

若你为员工创造一个具有安全感的环境，就可能会发生令你意想不到的事情。员工彼此尊重，欣赏并重视在追求最佳结果的过程中付出艰辛的努力。作为一个领导者，你必须树立榜样，怀着一颗有意的好奇心。优秀的领导者也善于提问："为什么这个想法会失败？谁有不同的看法？我们遗漏了什么，还需要哪些信息？我们忽略了哪些从前犯过的错误？"

你既需要定性的数据，也需要定量的数据。但报告和数字永远不能说明全部问题，而影响力和信任会借此成就你，抑或打败你。

你必须创造一个环境，让员工愿意和你交谈，不害怕告诉你真相，虽然这需要一点时间。在他们了解你、信任你之前，你必须不断地鼓励他们，这不是靠一次询问就能实现的。你必须反复地询问、引导，确保创造一个让员工能坦诚地和你交谈的环境。你必须深入挖掘，询问他们对市场、交易或是业务流程有什么看法。如果他们能开始坦然地与你分享一些小而简单的事情，一段时间之后，便会与你分享那些你真正需要听到的最关键的东西。当他们知道你想倾听他们的看法，并会为此做些什么时，这种健康的、开放的气氛，以及观点之间的分享就会成为你作为领导者的真正优势。

建立团队视角

你应该在日常工作中有目的地、优先地去获取团队成员的视角，每个星期都必须以结构化或者非结构化的方式安排倾听团队成员意见的日程。通过这些来自身处不同层次、角色的员工的意见，你可以将信息碎片整合起来，形成一个整体。

不要因为你能接触到有关参与度、文化选择和员工满意度的调查，就错误地认为自己有这样的视角。虽然调查可以帮助你确定需要与员工进行什么样的对话，但单靠调查是不够的。第四视角要求你养成定期与员工坐下来交流的习惯。

每个领导者都需要定性和定量的数据。大多数评估并不提供定性数据，定性数据只能通过对话、讨论和观察获得。你必须为它留出时间，并将其安排在工作日程之中。

位于美国俄勒冈州波特兰市的贾马（Jama）软件公司是一家产品开发领域的领先技术公司，其首席执行官斯科特·罗斯（Scott Roth）从一开始就知道，他的成功取决于与员工的接触以及对他们观点的了解。"我加入公司时，公司有大约125名员工。"他说，"我承诺要和每个人单独坐下来谈谈。我知道了解每个员工的个人情况非常重要，所以花了一个半月的时间和每个员工见面。我询问了他们的背景、经验、选择这家公司的原因、没有跳槽的原因，还问到他们喜欢公司和工作的哪些部分，不喜欢哪些部分。这些讨论让我对员工的工作方式、可能的激励因素，以及他们对公司的看法有了更深入的了解。"

这些交谈给斯科特留下了深刻的印象，后来，他让所有新员工都经历了这一环节。"在新员工入职的第一周，我会一一与他们见面，面对面交流，真正了解他们。"斯科特说，"我也会一直这样做，除

第四视角——团队

非有人跟我说这样不行。我认为，只要我能将这件事摆在优先位置，就能永远都这么做。"

这一方法和信念让斯科特成为一名出色的首席执行官。虽然这个方法听起来很简单，但在当今时代，执行起来却非常困难。优秀的领导者愿意在一些很基础的事上投入时间。你也会说："是的，这绝对有意义。"但你这么做过吗？作为一名高管教练兼首席执行官，我了解与每一位新员工会面的困难程度。但是，忽视团队视角会让许多领导者无法成为他们可以成为的非凡领导者。

重视团队成员的反馈让我得以在二十多岁时做到了许多人历经多年才能做到的事。这也给了我勇气和信心，创办了一家把一对一会议作为基本产品出售的公司。当时，我知道大多数公司并不重视这一点。我相信，如果能创造一个可以进行一对一会议的结构，就可以帮助公司、领导者更好地思考，勾画出更大的梦想，执行得更加出色，并在商业和生活中获得更多的成功。

二十多年后的现在，我仍然相信一对一会议是我们从团队视角真正获益的极佳方式之一。之所以这么说，是因为一对一会议在大多数公司中仍然不是常态。许多公司只要简单地掌握并好好利用这一方法，就可以在很大程度上得到改进。

要想成为一名出色的领导者，你必须把一对一会议看作是一种原则，并且使其成为日程表中固定的一部分。此外，你还需要知道谁能给你更全面、更有用的观点。一些领导者只和自己的直接下属进行一对一会议，另一些领导者则会囊括一些其他的新生力量，还有一些人会和公司中不同层次的员工进行一对一的交流，时间长短不一。但无论怎么做，关键是要保持交流的持续性。

《一分钟经理人》（*The One Minute Manager: The World's Most Popular Management Method*）的作者肯尼斯·布兰佳（Ken Blanchard）和斯宾塞·约翰逊（Spencer Johnson）强调了一个经典的领导力法则：在公司内踱步。这听起来可能十分随意，毫无计划和结构可言，但却有深远的意义。出色的领导者会将踱步放在优先地位，并有规律地进行。

"如何以一种随意的方式与员工建立联系？如何与他们产生共鸣和建立信任？如何才能更好地向他们学习？"

每天都为这些对话留出时间，并留心寻找你想与之交谈的员工，以便更好地了解业务。这也有助于你扩大自己的影响力。

我们每次对新客户进行指导时，都会询问他们在到达办公室的前30分钟做了什么。因为，若领导者能以有目的的沟通开始一天的工作，那么这一天就会收获不少。他们能发现员工在想什么，由此获得关键的定性数据，也获得了实现有效领导必须知晓的内容。

但是，如果领导者每天都是低头打着电话匆匆进楼，直接走入办公室，那么就无人能感受到他们的亲和力。我认识一位领导者，他每天走进办公室时都是手上拿着一份文件，低头打着电话。从公司前门到转角处的那间办公室，他几乎是跑着过去的。他经过时，公司里的每个员工都屏息凝神，生怕打破了那个不言而喻的规矩："不要挡着他。"他看不到公司的资产——从事工作的人。他让别人无法接近，极大地限制了自己的影响力，也影响了决策的质量。他的行为比任何话语都更有说服力，就像在说："我很忙，很重要，没时间顾及你。"

缔造冠军公司的合伙人兼首席执行官教练杰里·贝克（Jerry Baker）从前曾担任过第一地平线信贷公司（First Horizon Home Loans）的首席执行官。那时他常利用出差的时间和员工交流，还建立了一份内含数千人的、来自美国各地分公司的员工名单。每天他都会抽空给名单上的人打电话，听他们倾诉。这些看似随意的电话让员工明白，自己对业务的看法对领导来说是有价值的。他表现出的有目的的好奇心使员工感觉自己被认可了。

杰里每次与员工对话的开场白都是："我突然想到了你。"这句话不是简单地寒暄，也不是随口一说。他想让员工们知道："你对我和公司都很有价值，所以我想到了你。"

杰里以向所有与他共事的首席执行官强调一句话而出名：站起来，走出办公室。他说，如果工作时你把超过50%的时间花在办公室里，那就不是在做正确的工作。你需要拿出50%的时间和员工交谈，倾听他们的想法、挑战和需求。你的工作是消除障碍，让员工更好地获得成功。

杰里的建议有效果吗？他手下员工的成就有力地证明了这一点。他们中的许多人都将这句话铭记在心，真的拿出了50%的时间花在员工身上。事实证明，这的确效果显著。

在我看来，你可以依据自己的情况借鉴杰里的建议。

换位思考

你需要让员工分享他们的观点，但也要学会走出舒适区，换位思考。

多年以前，我结识了ServiceMaster公司的前任首席执行官比尔·波拉德（Bill Pollard）。该公司的主要业务是为全球用户提供多种类型的家居服务，比尔很喜欢提起公司的年度服务日。

当时，ServiceMaster公司在全球有三十多万名员工。每年的家居服务日，公司的高管们都会离开办公室，去做真正的基层业务工作。他们穿上清洁工的制服，擦亮医院的地板、打扫大学的厕所。他们到基层员工工作的地方去了解他们的感觉，与他们并肩工作。在一起的每一分钟，他们都会询问、倾听并向这些员工学习。这种直接经验能让他们在未来做出更好的决策，也能让领导者因此扩大自己的影

第四视角——团队

响力。没有人可以否认ServiceMaster的业绩和成功。

当你与员工擦肩而过时，仔细听听他们在说什么，尤其注意那些他们未曾在你面前提过的事。

曾任潜艇军官的约翰·拉内利就有过这样的直接经验，他告诉我："你不能只问那些你知道答案的引导性问题，而是必须尽可能多地问些开放性的问题。了解他们没有说出口的东西和了解他们已经表达过的东西一样重要，这完全能表明他们未曾想到的内容，而正是这些未曾想过的、并不知晓的东西才会导致失败。"

在我第一次指导戴姆勒贷车公司董事会负责人马丁·道姆时，就明白了这一点。马丁告诉我，他喜欢玩策略游戏，尤其是棋盘游戏。他把玩游戏作为观察别人如何思考的机会，也经常就对手做出的策略提出问题。我观察到，在以往的两份工作中，马丁都会与离他最近的高管团队互动。他总是在提问，想要理解对方的能力和勇气。

他寻求不同的观点，希望能帮助公司获得最佳的结果。这些问题帮助他了解到团队成员知道什么、不知道什么。知识差距让他知道员工在哪些方面需要发展，哪些方面需要更多的数据，哪些方面需要更多的支持。这些信息帮助他找到了对组织有利的机会，并且通过询问、坚持多元化的思维，他帮助整个领导团队在提高决策能力的同时也扩大了影响力。

缔造冠军公司的首席执行官教练汤姆·布鲁尔（Tom Brewer）总结得很好："若充满激情的人沉默不语，领导者就需要加以关注了。"员工没有说出口的话都有哪些？他们保持沉默是因为没看到吗，还是因为不相信有人会对这种情况采取措施？无论员工的动机是什么，你都需要知道他们看到了什么、在想什么，以及他们没有看到或没有想到的东西。

团队视角和领导效能

向其他人表示关心的首要方式就是倾听他们讲话。你是否想要营造一种非凡的文化，让大家感到被重视、被关怀？如果是，请千万不要错过这一节内容。

在询问之后，你也必须学会倾听。积极倾听能帮助你。积极倾听是指在倾听过程中，确保对方知道你不仅听到了他们的话，也理解了他们想要表达的意思。虽然很多领导者都知道什么是积极倾听，但很少有人能掌握它。

掌握了积极倾听的方法，你就有能力更好地关心自己所领导的人。这是否是提升自我的一个机会？改善这一技能，不仅对你的工作有所帮助，对你生活的方方面面都会有所裨益。

第四视角——团队

领导者必须做的并不仅仅是完成这种倾听的步骤，而是要证明自己真正"明白"。帕特里克·兰西奥尼告诉我："对领导者而言，最重要的不只是明白，而是要证明自己明白。这不只是智力层面上的事，它真正的意义在于，让员工知道，领导明白他们的想法。"

若领导者真正能够有效地传达出他们已经听到、理解，甚至感受到了一切的信息，同理心也就随之产生了。成功的人际关系有赖于同理心。同理心在影响力中也起着重要作用，有时比信任还要重要。若你想创造一个充满安全感的空间，就必须证明你真的能感受到员工对某些情况的感受或信念。同理心并不是说你要成为咨询师或同意听到的东西，而是要求你有意识地倾听，并与下属建立联系。

几十年前，我就开始使用积极倾听的技巧。当我和某人或是一群人交流时，必须"眼对眼"或"耳对耳"的交流。"眼对眼"意味着我们面前绝不会摆着手机，"耳对耳"则是指在通话过程中，不会有任何的屏幕让我分心。然而这在今天很难做到，因为如今我们身边到处都存在着某个充满诱惑力的小型干扰器，这让"眼对眼"或"耳对耳"的交流比以往任何时候都具有挑战性。

我发现，如果在手边放一支笔和一本笔记本，我就能做到十分积极地倾听他人，也更能跟上讲话者思路。过去三十年里，我在每个会议上都会使用某种形式的笔记，以前是用纸笔，现在则是用手写笔和平板电脑。我不仅会写下需要做的事情，还会记录听到的要点。我们也会把这个重要方法教给所有的客户和公司领导者。

在进行一对一对话或与团队成员沟通时,你会做什么来确保捕捉到听到的所有内容?你如何能坚持投入精力,以获得做出正确决策所需的信息?如何提高自己的倾听能力?

无论你是用记事本还是平板电脑,你都必须利用某些工具,确保捕捉到所听的信息,以此确定行动项目、下一步规划和后续责任。你会采用什么工具来持续从团队成员那里获得所需信息呢?

领导者经常陷入"我很忙"的心态之中。不要这样,相反,你要在日程中刻意留白,让员工更能接近自己。若员工认为只有在你坐下来特别要求时他们才能表达观点,那你获取信息的机会就受到了限制。更重要的是,如果没有创造一个安全的环境,他们很可能只告诉你他们认为你想听的话。如果没有建立起一种基于信任的关系,他们就会在与你的谈话中有所畏惧。你希望他们尊重你,而不是害怕你。从这个角度出发,他们会更加尊重你。

你必须不断地倾听、投入,并采取行动。

若你不愿与员工面对面交谈,也不倾听他人的谈话,就永远无法从团队成员那儿得到你所需的信息。你必须发自内心地相信,团队里的任何一个人都有可能想出最棒的点子。

当你能真正聆听员工的声音,且他们也真心相信如此时,他们的所见所闻所感对你而言就有了意义,由此,你就会与他们产生联系,影响力也会得以增强。

　　避免直接解决问题，或是直接讨论某个员工的对错。你首先应该寻求解释，然后向大家证明你确实理解了。你不一定要同意某个观点，也不需要为了同意或不同意而进行对话，一切顺其自然就好。

　　提出问题时，一次性只能从一个人那里获得一种夹杂着个人情感的视角。不要急于下结论。在寻求理解的早期阶段，有目的的好奇心比以往任何时候都更重要。保持自律，在做决策之前确保获取了所有所需信息。当有人说"嘿，这不对"时，控制住自己，不要一股脑儿地埋头修正。你可能会发现，其实比起你知道的，还有更多东西在发挥作用。

　　为了了解而倾听，在了解的过程中形成你自己的观点。只有这样你才能采取行动。许多时候，你都可能从员工那里听到一些需要你加以指导的事情，又或许听到一些不好的话、错误的想法。此时，你已经有了有目的的好奇心，明白了如何更好地指导并培养领导者。通过听取他们的意见，你已经能发现员工表现的潜在障碍，或者工作系统、流程中的低效率表现。了解到一线人员的想法，你就能更好地掌握做出正确决策所需要的信息。更妙的是，也许你也能从中扩大自己的影响力，因为你与他们进行了直接交谈。借此，你成功的概率也得以提高。

　　团队视角不仅仅是让员工感觉到被倾听被理解，你还必须提出正确的问题，充分了解员工需要什么才能取得成功。例如，哪些方法有效？有哪些阻碍？他们又缺少什么？

与你相比，员工经常能更早感知到组织中发生的事情——无论是从文化的角度还是从客户的角度。他们可能在你知晓之前几个月就已经明晰这件事。因此，为了你自己的利益，请好好倾听并感受公司的脉搏。

潜在盲点

避免第一个发言

你应如何更好地参与团队会议，并让成员在会议中有出色的表现？若你先提出自己的意见和想法，很可能会堵住其他成员的嘴。在这种情况下，其他人很容易"鹦鹉学舌"，模仿你的发言。

相反，你可以询问一些很棒的问题，引导员工参与对话，表达他们自己的想法和专业知识。紧随你员工的思路，确保了解他们的立场和观点。鼓励健康的辩论，让其他人感觉到自己正被人倾听。

停止活跃的思维

动作快、思维也快的领导者往往缺乏耐心，不能让其他人完成发言。作为领导者，你不要因为未完全想好接下来要说什么而语言混乱，更不要打断或者替别人把话说完，这会更糟糕。我观察到很多领导者这么做，并为此惊讶不已。你不要成为那样的领导者。

不要被激情左右

了解团队视角时，你会经常遇到一些对某些问题充满激情的人。小心，不要被这种人的情绪所影响。如果听到他们慷慨激昂的发言，你很快觉得应该立即采取行动，那么最终会变成你在为他们的问题寻找答案，而不是把它作为一个出发点，向更多的人问更多的问题。

不要急于解决问题，而是保持客观和好奇心。等到你得到了所有正确的信息，能明智而有效地采取行动时，再采纳他们的意见。

真实

你表现出真正的兴趣了吗？如果你在倾听时让人感觉是

被迫或勉强的，别人很快就会注意到，并认为你并不真实，你的影响力也会下降。如果你采纳了前文所述的布兰佳的建议，在办公室来回踱步，却显得心不在焉，要么盯着员工看，要么盯着手机或手表，那就别费劲了，这样反而弊大于利。

你真的重视员工所说的话和所分享的内容吗？但是，如果你并不认为自己需要听到他们的声音，就无法获得团队视角。倾听员工的声音不仅是你要做的事，而且是你领导力的一部分。

后续行动

在这一环节，若你没有系统性的方法跟进对话，并在适当的时候采取行动，那你的所作所为很可能完全无效。若员工不相信你会听从他们的建议，最终就会保持缄默。

当然，你不必对听到的每件事都采取行动，但你可以继续跟进和沟通。如果你采取了行动，就让他们知道。如果没有，至少回过头来，向他们表示感谢。最重要的是，让他们知道你在倾听并重视他们的意见。

倾听员工的意见是一件需要持续去做的事情。倾听并了解了他们的想法，你就能更快做出回应。当你有意识地表现出好奇心，并把倾

听和了解员工的想法作为首要任务时，决策能力就会提高。

我发现许多的领导者都要从"我"转化成"我们"（即从自身转变为团队）。你不必去做所有的决策，也不需要拥有所有数据。当今的商业环境中存在着太多的信息，发生着太多的事情，一个人无法观察、理解和消化所有的信息。如果你能从团队的视角——那些投身工作的人的视角——来看待公司，就能更好地理解公司里发生的动态变化，也能借此做出更好的决策，或者至少知道公司里有谁应该做出这些决策（这本身就是一个很好的决策）。团队视角往往能使你有能力决定不做决策，或者将决策权委托给别人。

从"我"转化成"我们"表明你重视整个团队，而不仅仅是口头的敷衍。通过倾听、询问、投入时间，你让员工知道他们是有价值的……你的影响力在扩大，因为他们对你的信心在增长。研究表明，如果人们觉得自己有发言权，认为自己的视角和观点很重要，他们的投入程度就会提高，整体参与度也会提高。

正确实施

许多领导者认为，团队视角是有效领导的七大视角框架中最具挑战性的一部分。与此同时，正确实施这一视角几乎能改变一切。当你对员工表现出有目的的好奇心时，所学到的东西能从根本上改善公司的决策方式。

你要挖掘这个框架中需要与员工进行对话的内容，定期询问有关现状、愿景、战略布局和客户的问题。虽然这一视角不一定会指引你的每一次对话，但尽量不要错过任何可以为你的理解提供信息的机会。

培养领导能力是每个领导者的重大责任之一。通过质疑、倾听、深入挖掘、提出反对意见，你可以培养员工的思考能力，提高公司的成功概率。当员工知道他们的想法对你很重要时，就会有更多的自主权，从而为公司的成功付出努力。

在这方面做得好，你的影响力和领导效能就会自然而然地提高。

...

与员工擦肩而过时，

仔细听听他们在说什么，

尤其注意那些他们未曾

在你面前提过的事。

...

现状 愿景 战略布局 团队 客户 角色 局外人

第五视角

——

客户

丽思-卡尔顿酒店（Ritz-Carlton Hotel）的客户服务享誉全球，其中就包括酒店内最新的便利设施。丽思-卡尔顿酒店公司的前总裁霍斯特·舒尔茨（Horst Schulze）曾提到过让他印象深刻的一件事。

"在使用更安全的磁卡钥匙之前，酒店的客房用的都是厚重的黄铜钥匙。我们打算做转变的先驱者，于是做了一次大规模的房门整修，还投入了大量资金。然而，在更换之后，我们的客户却拒绝使用这些磁卡钥匙，并且大肆抱怨它们便宜易碎，于是我们又换回了黄铜钥匙。几年后，磁卡钥匙大规模投入使用，我们又经历了上次类似的情形。"

霍斯特并不认为使用磁卡钥匙这一战略不佳，只是觉得时机不对。他告诉我，如果在改造数千扇门之前，他能先和一批客户测试一下新的钥匙系统，就能提前了解到客户的期望，也就能挽回公司投入的数百万美元。

这样的故事并不是例外，相反，它更是一种常态。这是否让你震惊不已？领导者总是会对他们认为能够改变客户游戏规则的新项目或服务感到非常兴奋，但却没有事先了解客户的真实想法。在缔造冠军公司，我们也提出过一些具有创新性的想法，并因此制定了一些绝妙的策略，结果都失败了，因为这些并不是客户真正想要的。和丽思-卡尔顿酒店一样，我们也浪费了不少时间和金钱，我也因此不幸地失去了身为领导者的影响力。

更不幸的是，还有许多像我一样的人。我们的许多高管客户在生活、工作中都忙碌不已，他们中有太多人没有采取必要的行动去了解客户需求就试图进入市场或做出改变，因而失去了拥有的许多人际关系。

如果不充分考虑这一点，无论是制定策略还是具体执行都会面临失败。我曾见过一些大公司的优秀领导者，他们正是因为对这一视角缺乏重视而迷失了方向。作为领导者，你更需要与客户一起努力，从他们的视角把握公司前进的方向。

领导者必须了解客户想要什么、需要什么，以及自己的公司能如何影响他们的业务与生活。

与书中提及的其他视角相似，客户视角也能帮你改变游戏规则。

什么是客户视角

若你想要做出更好的决策、扩大自己的影响力，就需要十分关注你的客户，理解客户对产品、服务、业务或组织的独特见解。重点在于，你应该把客户放在一切的中心。从客户的视角来看待公司，有助于你更好地服务客户，从而推动公司的业务发展。

联合国儿童基金会（United Nations International Children's

领导者必须了解客户想要什么、

需要什么,

以及自己的公司能如何影响

他们的业务与生活。

第五视角——客户

Emergency Fund）美国分会的前主席卡里尔·斯特恩（Caryl Stern）一直重视客户的需求。儿童基金会致力满足全球发展中国家儿童和母亲的长期需求。卡里尔明白，要成功为这些工作募集资金，首先得了解捐赠者，知晓他们希望从捐赠中得到什么。无论是在思想还是行动上，儿童基金会的捐赠者与大多数公司的客户都是相似的。

"我们能如此成功的一个原因就是以捐赠者为中心。"卡里尔对我说，"大多数的慈善机构都只想着要别人捐款，而没有一颗投桃报李之心。以捐赠者为中心不是说只是调查研究我们的捐赠者，而是我希望我们能走出去，和他们交谈。我想了解他们，也想让他们了解我。"

卡里尔意识到，与捐赠者进行清晰的沟通，与他们建立友好的关系，决定了联合国儿童基金会的成功，因此，她本着以捐赠者为中心的组织文化，对基金会进行了改革。

"我们创建了一个内部的客户服务部门，这在慈善机构里非常少见。"她解释道，"捐赠者给我们打电话时不会被转接到外部呼叫中心，而是由我们内部员工直接应答。我们甚至还建立了捐赠者管理部门，如果你成为捐赠者，就会有专人对接，这位员工会与你联系，了解你的情况，跟进之后的工作。正是这些改革改变了我们的组织。"

客户视角能帮你更加了解客户，从而更好地了解他们有什么需求、你如何能更好地满足他们的需求。这需要你真正了解客户。

托马斯·纳尔逊出版公司（Thomas Nelson Publisher）的前

董事长兼首席执行官迈克尔·海厄特（Michael Hyatt）是缔造冠军公司的一名客户，也是我非常亲密的朋友，如今他已经成了一位企业家兼畅销书作家。迈克尔的公司一直在帮助领导者平衡事业成功与生活中最重要的事情，他和他的团队极为了解自己的客户。

"我们所做的一切都是为了那些成就很高却又对此应接不暇的人，我们了解客户，深入并专一地帮助某个客户，推动他做每一个商业决策，我们会而不是泛泛行事。"那么，他的团队如何能一直了解客户、懂得客户的需求呢？他们会直接听取客户的意见。

迈克尔解释道："我每天都会花大约一小时来和客户联系。我不觉得这浪费时间，因为这能让我知道需要持有什么想法，或是我们能开发怎样的、可解决特定客户问题的产品。"

你是否又在这一例子中看到了类似的关系？在实践中利用客户视角，既能更好地服务客户，又能改善公司业务，换句话说，你能获得更好的成果。

全球冰球传奇人物韦恩·格雷茨基（Wayne Gretzky）曾经说过："我要滑向冰球将要到达的地方，而不是它已经在的地方。"

很多时候，我们认为自己了解客户的观点，仅仅是因为我们掌握了他们目前对产品或服务的痛点。但这还不够，我们还必须了解他们可能拥有的需求。当客户面临挑战时，我们需要缩减原有产品或服务的规模，研发新的产品或服务，帮助他们应对公司的各种难题。要留住客户，就必须了解他们。

你必须努力了解客户心中最重要的事情，清楚你的产品和服务如何帮助他们解决当下的情况，还需要知道他们之后可能有什么需求。若你不使用这种处理方法，你所做的决策和你的影响力就会陷入困境。

"我们需要能让客户乐于掏钱的产品，就好像为我们的产品付款就是他们表达谢谢的机会。"戴姆勒货车公司负责人马丁·道姆说，"要达到这种程度，你必须了解客户的业务、满足客户的需求。你要知道是什么驱使他，又是什么让他夜不能寐；你可以提供什么帮助以减轻他的负担，让他的生活而更加轻松、工作更为成功。"

为了更好地了解这一视角，你可能需要扩展自己对"客户"一词的理解。是的，你必须了解你当前的客户，这是必然的，但也需要了解过往的客户。他们为什么不再购买你的产品？他们如今情况如何，又需要什么？问这些问题不是为了向以前的客户"推销"或赢回他们，而是为了倾听和学习。不要为你为什么失去他们而辩解，而是要倾听他们的想法，了解出了什么问题。

对于这一点，我吸取了惨痛的教训。我曾遇到过一个从前的客户，他告诉我："当我还是你们的客户时，你们似乎很关心我；但当我不再是你们的客户时，你们就完全不管了。"这句话比一拳打在我脸上还要令人难受。

如果客户在合作关系结束后觉得你不再重视他们，那么你之前的所有努力可能都会付诸东流。你可以降低与他联系的频率，但仍然必须有意识地考虑如何与他们保持联系。你的公司里是否存在这样一种有助于维持关系的系统？

如果可以的话，也可以把曾拒绝你的潜在客户囊括进来。他们为什么不选择你？你的公司、产品或服务缺乏什么？尽你所能地了解他们的需求，他们的洞察力能给你带来更好的、有价值的理解。

千万不要忘记未来客户和潜在客户的需求！目前他们正处于什么境况？他们会如何塑造你公司的未来？直到最近还在忽视"千禧一代"（美国历史上人数最多的一代）的公司（他们认为这一人群根本不属于他们的目标市场）现在不得不努力追赶那些费尽心思了解千禧一代的竞争对手。

了解客户视角

调查是深入了解客户想法的一个绝佳工具，技术使我们从大型群体中获得定期反馈变得愈发容易。作为一名领导者，你应该能利用好调查这一工具，或利用一些现成的机会来改进这一领域。

对客户进行调查时，你首先要注意客户问的问题，以及这些问题能让你了解什么信息。一些忙碌的领导者经常让公司里的其他人（通常是一些专业知识更丰富的人）来处理客户的反馈。虽然你可以不用成为专家，但必须了解这部分业务。确保定期回顾这些数据不是为了让你完全理解它，而是为了使用数据来引导对话和重点，让你知道该在哪些方面提问，并且提出真正好的问题。

你如何能判断自己的团队是否在某处迷失了方向，如何确定自己是否忽视了某些客户？回顾会议记录是一个很好的方法，如果你的会议议程和记录有80%都是内部事务，那可能已经出现了问题。成功的公司更重视客户需求，寻找为客户增值的方法。若有一半的会议议程和记录是以客户为中心的，那你的公司成功的概率可能非常大。仔细了解客户反馈的数据也能让你的决策更有成效。

还要记住，调查和数据只能说明部分问题。随着领导者的晋升，他们往往会失去与客户直接联系的机会。我们中的许多人一开始都有很多与客户面对面交流的时间，但随着职位的晋升，时间越来越多地被公司的内部挑战、效率和问题所占用。这时我们仍认为自己理解客户的需求，毕竟我们认为自己拥有正确的数据，但事实并非如此。我们分析的可能是三个月前的调查和客户满意度报告。由于报告系统通常给我们提供滞后的指标，因此调查和报告永远无法让我们了解全部情况。甚至我们需要从团队中其他人那里获得的数据和信息，也可能来自与实际客户相隔甚远的人。

更糟糕的是,一些客户调查的内容设计只是为了讲述管理者想听的故事。调查设置的问题是为了转述公司的优点,而不是以此来了解公司的弱点,哪里做得不够,哪里可以改善。只有当你坐下来与真正使用你的产品或服务的客户面对面时,你才会发现这些关键点。

优秀的领导者会把"直接与客户联系"当作一项工作准则。

家得宝公司的前首席执行官弗兰克·布莱克认为,对所有领导者而言,与客户保持联系都是一项高回报的活动。

"包括调查在内的所有围绕客户的步骤都会误导你。"弗兰克说,"有时候,很多事情都被埋没在了平均数据之中,这会让你失去那份潜藏在那些数据之下的感觉和人性。对我而言,一件很有用的事情就是让每个客户都知道我的邮箱地址。这样我就能收到那些关于什么让客户不满意,哪些地方出了问题的电子邮件。直接从客户那里听到那些问题,找出它们并跟进,直到找出根本原因,这样具有巨大的价值。你必须身体力行地去做这些事。"

弗兰克喜欢在周末去家得宝商店,与店里的顾客交谈。尽管这位首席执行官坐拥数十亿美元资产的公司,但仍然十分重视这一视角,甚至牺牲自己的周末来听取客户的意见。

弗兰克不仅会和顾客接触,还会直接与厂家见面,了解他们的商品。"我们会先浏览商店里货架的分类,然后再看网站上的。"他说,"我这样做是因为,看到货架的陈设或网页上的东西会比待在办公室里对业务有更好的理解和产生更多的看法。更多的时候，这些事情是你坐在办公室里所无法了解清楚的。"

不要觉得跳出固有角色从客户视角看问题没什么用。在戴姆勒货车公司，高管们都会"既当员工又当客户"，高管团队的许多成员都持有C类驾照。从人力资源主管到工程主管，管理团队的每一位成员每年至少要试驾一次自己生产的货车，这样他们就知道身为客户的感觉了。

速食餐厅福来鸡公司的管理团队和顾问都会在该餐厅用餐，以检验食品质量，体验客户口中餐品的味道。他们会花时间访问客户，以便最为深入地了解他们的体验如何、餐厅如何能提供更好的服务。

当你与客户交谈时，可以问一些开放式的问题来挖掘真相——不仅仅是逻辑上的真相，还有"感觉"上的真相。保持开放的态度和怀着有目的的好奇心，去了解客户和你合作是什么感觉以及你的客户需要什么。

KSS框架——保持（Keep）、开始（Start）、停止（Stop）——能帮助你理解这个视角的核心。你可以询问客户以下问题："为了能更好地为您服务，我们应该继续保持什么，开始做些什么，停止做些什么？"若无法获得新的意见，就代表你错过了这个机会。

让这一点成为你所在团队的领导者心中无可商榷的原则。若你是我们指导的客户，我们会评估你与客户定期联系的时间占总体工作时间的比例，无论是现有的、潜在的、过去的还是新客户；并评估你是如何不断学习、不断成长的，又如何用所需的东西来武装自己，以有效地履行自己作为领导者的职责。

我所知道的优秀的领导者都会优先考虑与其所服务的人多加交流，每位高管的日常安排都应该包括与客户的对话。然而，许多高管团队会对销售人员或市场主管说："这是你的工作。"这在领导效能强的公司是绝不会发生的。无论是法务主管、人力资源主管还是信息技术部门的主管都会与客户见面，所有领导者都会与客户会面。为什么？因为这能更好地将他们与业务背后的诸多原因和最重要的东西联系起来。

此外，你不要认为只有在销售阶段才需要利用客户视角。在产品的创意研发阶段，也可以邀请客户参与进来。还记得霍斯特·舒尔茨把黄铜钥匙改成磁卡钥匙时发生了什么吗？你要从这个代价高昂的错误里吸取教训。

客户视角和领导效能

你永远不要忘记，客户才是一切业务的关键。如果你不再花必要的时间来弄清楚自己的产品或服务如何才能对客户产生更好的影响，

第五视角——客户

那你就会偏离轨道。

数十年前，缔造冠军公司有幸成为位于纽约的世界商业论坛的高管培训合伙人。在那里，我遇到了几位像杰克·韦尔奇（Jack Welch）、拉姆·查兰（Ram Charan）和阿兰·乔治·雷富礼（Alan George Lafley）这样的商业偶像，并从他们身上学到不少东西。

曾担任宝洁公司首席执行官的雷富礼与我们分享了他对客户坚定不移的承诺在该公司的成功中起到的关键作用。"在我们打算将业务拓展到一些新的国家时，我不仅会花时间在门店与客户交谈，也会在客户家中的餐桌上与他们探讨。"他想要理解这些客户的生活方式，理解自己公司的产品能怎样帮到他们。他并不只相信那些报告和调查结果，而是想要亲身观察、询问、倾听、学习。这一切都得到了回报，在他领导公司的9年间，宝洁的销售额翻了一番。

若你听到的都是自己的想法，就仿佛处在一个回音室中。你的公司很快就会变成一间满是镜子的房子，你只能从中看到自己的身影。这当然会威胁到公司的未来。

一旦发生这种情况，你就会失去目标，更重要的是，你会失去与客户的联系。若你不再依据客户当前的需求或是他们认为的自己未来的需求行事，而是相信自己早有答案，这会让你的领导效能大打折扣。

优秀的领导者会从客户的视角决定如何发展公司的业务。这个视角也能让你了解公司的现状，为你的愿景提供动力，为战略布局提供洞察力，让你能够实现愿景，让公司在未来蓬勃发展。

迈克·扬克在推动耐克的品牌创新、让耐克能够更好地为世界级运动员服务上起着关键作用。他的团队因客户需求不断地改进运作方式。"为运动员服务是没有终点的。"他说，"运动员总是勇往直前，想着，虽然我刚刚创造了一项世界纪录，但怎样才能跑得更快，创造下一个记录呢？这总是给我们带来挑战，这一挑战是要我们相信他们，相信自己，相信我们的想法会帮助他们变得更好。"

迈克和他的领导团队利用客户视角帮助自己做出更好的决定。他们不断地思考怎样才能帮助客户获得成功，无论这个客户是职业运动员还是普通人。客户的意见极大地影响了他的团队，也激励了他们勇敢创新、充满激情和动力。下面这句话能贴在他们办公室墙壁的显眼之处也就不奇怪了：

永远要倾听运动员的声音。

菲尔·奈特（Phil Knight）

耐克公司联合创始人

我和我们的教练团队都很喜欢和客户一起参加高管进修活动和团队领导力培训，而后在团队中分享从这些面对面活动中得到的信息。

第五视角——客户

在最近的一次活动中，我与一位领导者聊起来，她说她在一年前就学会了有效领导的七大视角框架，这个过程彻底改变了她的领导方式，她迫不及待想和自己团队的其他成员一起体验。后来，当我与我的团队分享有关这个框架如何影响并转变这个领导者的生活的故事时，在场的每个人都从中看到了工作与目标的联系。

你越是分享自己对工作的热情，提醒你的员工，业务不仅仅是工作本身，就越是在为自己的领导力增值，也就越能更好地服务客户。利用客户视角有助于员工提出更多、更重要的问题，优秀公司的领导者总是会鼓励员工提出问题，提醒他们日复一日的个人贡献会产生巨大的影响。

当你花时间去倾听那些购买或使用你的产品或服务的人，并向他们学习时，你对他们的影响力就会增强，因为你表现出了关心。你必须愿意在他们身上投入时间，无论你领导的是什么公司，帮助他人取得成功的真诚愿望必须是你的核心目标。

若你能花时间与客户会面，努力了解他们的需求——什么可以改善他们的生活、什么可以让他们的公司更成功，你就可以制订策略、计划或推出新产品来帮助他们完成这些事情，也就可以从一个供应商、供货商摇身一变，成为他们的合作伙伴或为他们谋取利益的人。

2005年，缔造冠军公司的员工在美国亚特兰大的福来鸡餐厅召

> 有效领导的
> 七大视角

开了第一次合作伙伴规划会议。为了更好地了解他们的需求、痛点和面临的挑战，我们花了一整天与福来鸡餐厅的不同领导者交谈。而后，我们利用这些信息，找到了能更好地为他们服务的方法。

在早期的一次会谈中，当时他们的总裁蒂姆·塔索普洛斯（Tim Tassopoulos）说："我们不想要制订一个局限于一年内的计划，而是想要建立一种伙伴关系，帮助我们在未来20年内完成想要实现的目标。"

他的想法改变了我作为缔造冠军公司首席执行官的一切。听到一个潜在客户从长远的角度看问题，让我知道他理解在改变团队领导者的思维、信念和行为等方面所面临的挑战。他的话也让我们公司的发展有了更多可能性。我们不再担心未来一年是否能获得新客户，如今，我们有机会，也能自由地去探索如何在未来几十年里为合作伙伴提供更好的服务。

这影响了我们与每个公司领导团队的沟通方式，也让我们得以重新思考并定义自己与客户的关系。因此，我们能够做出更好的决策，为客户和我们自己服务。它还允许我们建立一种长期的关系，在这种关系中，影响力可以得到有效提升。

如果你想真正理解并受益于客户视角，可以观察一下当你询问客户他们对你的产品或服务有何体验以及对你和你的公司是否了解时，会发生什么。若你能遵守"联系"这一准则，好事就会发生，因为你会创造出能帮助客户成功的产品或服务。若能立足于客户视角并维持与客户的联系，你的决策能力和影响力也都会大大提升。

挑战

我很好的一个客户是一家全球制造公司。首次与他们接触是在几年前，那时我们对该公司的43位高层领导者进行了一次为期3天的领导力培训。在那次会议之前，我与该公司的领导委员会进行了交谈，其中就包括公司的首席执行官和人力资源主管，他们二位做出了与我们合作的决定。

我提出在这次会议之前与该公司管理团队的其他成员联系一下，以了解我们怎样才能更好地帮助他们取得成功。为此，我安排了一个45分钟的电话会议，管理团队全部8名成员都参加了这次会议。

但后来我才知道这次会议非常失败。

这次会议前一天晚上，我第一次面对面地见到了整个管理团队。这个团队来自一个非常忙碌的全球性公司，领导要求他们从忙碌的工作生活中抽出3天投入到我将举行的研讨会中。

"你的电话会议打扰了我们。"他们直截了当地说。他们的办公室离我的只有40分钟路程。他们想知道，如果我真的想了解他们，

了解他们面对的挑战和需求，为什么我不要求与他们一对一见面？很明显，我一开始就搞砸了。但这也给我一个教训，此后，我不会再犯同样的错误。

幸运的是，那3天的培训大大超出了他们的预期。最后，整个管理团队以及他们的34名直接下属（下一任领导者）都自愿参与到我们进行的管理培训中。现在，他们仍旧是我们很好的客户之一。

理解客户需求这一准则可以成就你，也可以让你一败涂地。你永远不知道当你倾听那些坦率地说出真相的人时，自己的领导效能会提高多少。当然，并不是每个人都有这样的勇气来找你，这就是为什么了解客户视角需要有目的的好奇心，这也是我在本书一直强调的一点。

如果以客户为重心，高度重视并向他们学习，你就会建立起一个能做出有效反应的支持结构或机制，也能给自己一个良好的定位，为公司规划更佳的战略布局，以便为客户提供更好的服务，与其进行更多合作，并让其成为你重要的拥护者。

潜在盲点

避免囤积

若你拥有了信息，进行了面对面的会议，也知道问题的答案，但却没有把所知道的东西整合在一起，你就失去了一个改进的机会。把客户的需求囤积在一边比一开始就不进行会面对公司的损害更大。如果你向客户征求意见，但又不利用它来调整或改进公司业务，就侮辱了客户，也会损害自己的业务。

可以换位思考一下，若你是客户，你会不会希望有人一次次地来找你，对你说"是的，我们听到你说的了，但我们什么都没改"，没人希望如此。你必须积极、主动地接受反馈，并利用它做正确的事情。

你会从客户那里听到他们想要、需要或重视的各种事情，但这并不意味着你必须实现他们所说的一切。把从客户那里听到的信息通过内部流程加以处理，然后你就可以做出更好的决策，并向客户反馈你能做什么、不能做什么。

对抱怨反应过度

若是你对抱怨反应过度，就会做出不佳的决策。有的领导者如果是听到一位客户说他们的公司的服务或是产品没有达标，会表现得极为在意并做出回应。不要对某个数据点做出过度的情绪反应从而改变公司的整个战略和流程，这是不对的。

相反，你要在高度重视这个数据点的同时在与体验你的产品或服务的其他人交谈时进行验证。确保你能与那些确实对你的公司有意见的客户准确沟通，了解自己能做什么、不能做什么。然而，不要因为一次消极的谈话就试图调整所有的事情。若你相信一个人的体验能完全说明所有真相，就有失去领导影响力的风险。有些东西对客户可能是不适合的，但对你的公司不一定。

将客户视角当作一种行为准则

有的领导者经常把客户反馈视为一种偶发的活动，而不是一种持续的、双向的对话。他们把客户视角当作一份检查清单，一旦完成了一项任务，就不会再去想它，直到下一个季度、下一年或下一个产品的推出。同样，如果只有在提出要求时你才能得到反馈，那你与客户的关系可能就是上面这一种。

尽管你确实需要一份内部检查清单，但客户却不会认为自己的想法是你清单上"需要打钩"的格子。你要让客户知道你非常重视他们的意见，以至你每天都要给他们提供反馈的机会。对你来说，跟进那些联系你的客户是首要任务。

不要狂妄自大

你和你的团队都应该谨记,为客户服务既是一种荣幸,也是他们赐予你的礼物。你的首要任务必须始终是关心和倾听他们的意见。

当然,

并不是每个人都有这样的勇气来找你,

这就是为什么了解客户视角需要

有目的的好奇心。

现状 愿景 战略布局 团队 客户 角色 局外人

第六视角

角色

福来鸡餐厅的高级副总裁和首席人力资源官克里夫·罗宾逊（Cliff Robinson）认为自己的主要任务是培养领导者。克里夫专注于选择和指导那些最终可以取代他的最有潜力的领导者。他能在"认清现状"和"成为愿景所需的人"之间找到平衡。

这与我第一次见到克里夫时相比，发生了巨大的变化。那时，他看起来不堪重负。该公司的业绩多年来一直保持两位数的增长，而克里夫无论在个人还是公司发展上都感受到了领导和业绩的压力，他已经力不从心。后来，克里夫意识到，他只需要把握住自己能提高最大价值的地方。福来鸡餐厅并没有要求他当一名经营者，而是要求他当一位领导者。而且，公司迅速增长，他不可能独自完成所有工作。

在一次培训课程结束后，克里夫意识到，为了成为公司需要的那种领导者，他需要让一切重新开始。从前，他的日程上排满了会议，收件箱里也从来都是满满。那时，他仅依据信息的数量来做决策。

因此，为了发挥自己的能力，他必须成为一个有影响力的领导者。

于是，克里夫把自己从公司里最忙的人变成了一个近乎"失业"的人。虽然他保留了一些对领导工作至关重要的事情，但也留出了供发展、成长的空间，接受了公司在未来几年的发展需要的新准则。

福来鸡餐厅继续持续地发展着。公司继续以这样的速度发展，就要求其领导者能及时地、很好地管理团队，同时也能成长为公司在未来需要的领导者。克里夫明白这一现状，知道这是一个持续的过程，花了很多时间明确了自己的角色。

什么是角色视角

时间是你最宝贵也是最稀缺的资源。尤其是在今天，我们不断受到信息、想法、项目、人员、要求和机会的轰炸，大多数人都觉得没办法适应所有事。

这时，你就要对这些因素划分优先级，明确你应把时间、精力和注意力集中在哪些方面，应该对什么说好、对什么说不。包括我自己在内的许多领导者都发现，这是一个不断挣扎、追求平衡的行为。这种情况下，角色这一视角便可以发挥作用，极大地提升你的领导效能。

要想弄清楚自己的角色，你要做到以下两点。

一方面，你要弄清楚自己当下做的哪些工作能为公司创造最大的价值，明白自己在哪些活动中具有独特的地位。谨防落入一个常见的陷阱，你把某些事情做得很好，也很喜欢做这些事情，但这并不是利用时间的最佳方式，也不是公司最需要你的地方。你必须在擅长、喜欢的工作（能给你能量的工作）和公司需要的工作之间找到平衡。如果能把公司的需求、自己的技能和自己擅长的东西结合起来，你就会成为优秀的领导者。如果做不到，久而久之，你就会发现自己的领导潜力很难发挥出来。

另一方面，展望未来。你是否预见到自己的公司能不断地成长并发展？三年后的情况与今天可能大不相同，你需要和公司一起成长和发展。要确定你的角色，很重要的一个部分是知道你当前需要做什么，找准你和团队的定位，以满足公司未来的需求。

马歇尔·戈德史密斯（Marshall Goldsmith）曾写过一本很棒的书，名为《管理中的魔鬼细节》（*What Got You Here Won't Get You There*）。优秀的领导者应该都会认同马歇尔书中的内容：领导者并不是在等待变革来临，而后开始防守或是追赶他人；而是投入时间提升自己和周围的人，让他们能成为公司在未来需要的领导者。

你不能也不应该突然放弃自己多年来形成的优秀准则，你要知道，正是这些准则才让你成为如今的有效领导者。坚守这些准则、思维方法和绝对的信念，同时增加新的技能、想法和准则，这才是你在未来数月或数年中领导团队所需要的东西。

如果你想维持这样的准则——努力进步，调整自己的角色，获取新的能量和信息投入到工作当中——则需要你达到一种微妙的平衡。虽然要为未来做最好的准备，但你仍然要牢牢扎根于现状，管理好当前的公司。许多领导者都没能做到这一点，也就失去了无论是对当下还是对未来的成功都十分重要的东西。

第六视角——角色

我发现，角色视角不仅能激励你，还极具挑战性。二十多年前，我建立缔造冠军公司时，必须专注于两个主要角色：销售产品和提供服务。当时我的公司只有两个员工，我和我的助理。如今，随着公司规模的扩大，公司所需要的领导者与当时相比已经大不相同。当时，我并不知道首席执行官这个职位需要我做些什么。

随着公司的发展，我不得不有目的地保持好奇心，以发展新的技能、思维方式和信念，使我作为首席执行官能为公司增加价值。我知道，如果我继续做去年所做的事情，试图在没有新的能量、新的投入、新的发展的情况下继续前进，那么我将成为阻碍公司发展的绊脚石。

通过明确定义和理解这一视角，领导者可以更好地找准定位，改善自己的决策能力、影响力和效率，不仅是今天，而且在未来几年都能如此。

了解你的角色

若你能坐下来把自己要做的事情都列个清单，估计数量会十分可观。员工、客户、公司都会24小时不间断地要求甚至争夺你的注意力。

...

虽然要为未来做最好的准备，

但你仍然要牢牢扎根于现状，

管理好当前的公司。

...

第六视角——角色

要认清自己的角色，你首先要缩小焦点，明确哪些是自己能做的高回报活动。我们每个人都会做一些对公司来说具有最大价值的工作，同时也有这样的责任。这些高回报的活动应该反映出你最擅长什么、什么能给你带来最大的能量，以及什么能真正帮助你推动公司发展。

我们可以以一个独特的角度（也可称为"时薪法"）来看待这些活动。即用你的年薪除以2080小时（按每周工作40小时计算的一年总工作时间），得出的就是你的时薪。做每一件工作时，你都要想一想，公司为这一工作付出这样的时薪值得吗？你会付给别人那么多钱去做这些工作吗？

把这个数字看作一个筛选工具，借助它明确什么才是构成你的角色基础和重点的核心活动。这些活动要能够帮你决定要追求或优先考虑哪些机会。

越清楚哪些高回报的活动能让你在自己的角色上获得成功，你就越能做出更好的决策，因为你把时间和精力分配到了最重要的事情上。

除了高回报的活动之外，还有更多活动占据了你的日程。为了给这些活动留有余地，你必须了解目前你在哪些方面花费了时间。这时你就要用到一些时间追踪的方法。

我和我的行政助理林恩·布朗（Lynne Brown）一直在研究我

平常工作中是如何分配时间的，力求节省时间，给自己留出更多的自由空间。借此，我才能更好地领导公司，无论是现在还是在将来。

虽然时间追踪可能会让你感到乏味（有人甚至将其比作牙科治疗中复杂的根管治疗），但它在帮你明确如何分配时间这方面作用极大。在一两个星期内，以15分钟为单位追踪你从起床一直到睡觉做的所有事情。如果你的工作需要经常出差，可以追踪一周在家工作的时间，再追踪一周在外出差的时间。

然后，试着找出花费时间较多的活动。并考虑以下问题：你是有意如此还是不得不如此？你是在哪里偏离方向的？你是否有留有余地或是空闲时间，以便在需要时可以灵活调整？你是否给一些重要的私人活动（休息、与他人联系、锻炼）留有时间？

通过这些以15分钟为单位的时间记录来评估你的日程安排。公司里的其他人能完成什么任务？如果这项任务可以由别人完成，也不是对自己而言的高回报活动，那你为什么要做这件事？你能承担新的责任，遵守新的准则，并找到时间思考和发展新技能的唯一方法，就是对那些别人能做也应该做的事情说不。

时间追踪法能帮你回顾过去一两个星期内自己做过的所有事情，并借助时薪法进行筛选。这些活动是否真正值得公司付给你的报酬？如果答案是否定的，那你在管理上就出现了问题。你打算怎么做？

致力于找到不断评估自己的工作的方法，接着把不需要你接触的事交给其他人做，这样你就可以花更多的时间做你擅长且只有你能做的最好的事情。专注于公司认为你需要负的主要责任。

虽然这可能会让人感到痛苦，但你要做到定期进行时间追踪。随着业务和角色的改变，你的计划和活动也会改变。不时地重新评估，你就可以做一些有益的调整。

我们就有这样的客户，他们非常相信这个概念，每月都会进行一次为期一周的时间追踪。这种做法能够让他们看到自己需要在哪里调整日程安排，避免脚步落后，也能更好地领导公司。

别人如何看待你的角色，这是让你更好地了解自己角色的另一种方式。问问团队中的其他人，以及你信任的公司外的其他人（下一章中会探讨更多相关内容），了解他们对你的角色的想法和观点。你可以使用前一章提到的KSS框架问自己以下问题来收集这种类型的反馈：

- 关于目前的角色，我应该继续保持什么？我在哪些方面很有效率，在哪些方面能增加价值？
- 我应该开始做些什么？我在哪些方面能提高效率，增加更多价值？
- 我应该停止哪些活动？哪些行为和活动会造成混乱或是阻碍员工的发展或业务？

拥有这种更为宽阔的视角可以帮助你更好地集中精力。你的愿景（第二视角）和战略布局（第三视角）能有效地帮你发现那些具有高回报、需优先发展的工作，为你未来的角色做好准备。同时能帮你确定在未来一年中需要开展的活动类型，以执行战略并实现愿景，明确要成为领导者所需要的技能和资源。

接下来，你可以制订一个计划来缩小现在和未来的差距。大多数时候你无法一蹴而就，但你可以制订计划，从现在开始执行，促进未来几年的发展。清楚这些机会之后，你就可以将其融入你的角色。

要做好这一点，你需要时间、空间和结构来塑造未来的自己。40多年前，蒂姆·塔索普洛斯以一个餐厅普通员工的身份加入福来鸡，如今，他已经是公司的总裁兼首席运营官。蒂姆是我见过的极为聪明的人之一。那些有幸与他共事的人都觉得他是一个真正有着"五星级"影响力的领导者，一个无比受人尊敬甚至爱戴的人。

蒂姆花了大量的时间来思考自己的角色定位，思考为了更有效地领导，他需要成为什么样的人。他每月会留出一天作为他所谓的"图书馆日"，在这一天，他会离开办公室，去到当地的市政图书馆。他在那里思考、研究、评估并提升自己，让自己成为公司需要的人。他这一重要的时间投资的回报能帮助他做自己需要做的事情。

在过去的几十年里，一个简单的工具——单页业务计划，让

第六视角——角色

成千上万的领导者看清了自己的角色。我们大多数人都经历过制订年度计划的过程。如果我现在让你把它拿出来，你可能要花几分钟时间才能找到它。它可能包含很多细节，有跨部门的数据、电子表格、预算单、图表，等等。它庞大又复杂，也符合公司领导的身份。

我们建议领导者从宏观的组织计划中提取自己的职责，围绕这些职责调整自己的角色，创建一页特定角色的业务计划，用以说明：

- 负责的目标。
- 三到六项毫无争议的回报最高的活动。
- 要取得成功需要进行哪些项目或改进哪些方面。

我们会要求客户每年制订单页业务计划，然后将其分解为几个季度，这样就可以中途进行调整。这些单页计划让优先事项十分明确，也能让他们留出更多时间去处理这些优先事项。

计划上的内容会从计划变成你的日程安排，这样，你就从昨天和今天的领导者转变成了今天和明天的领导者。

心理学家和高管教练亨利·克劳德博士认为，这样的工具能使我们有效地发挥行政职能。它有助于我们关注最重要的事情，约束那些不重要的事情。

有效领导的七大视角

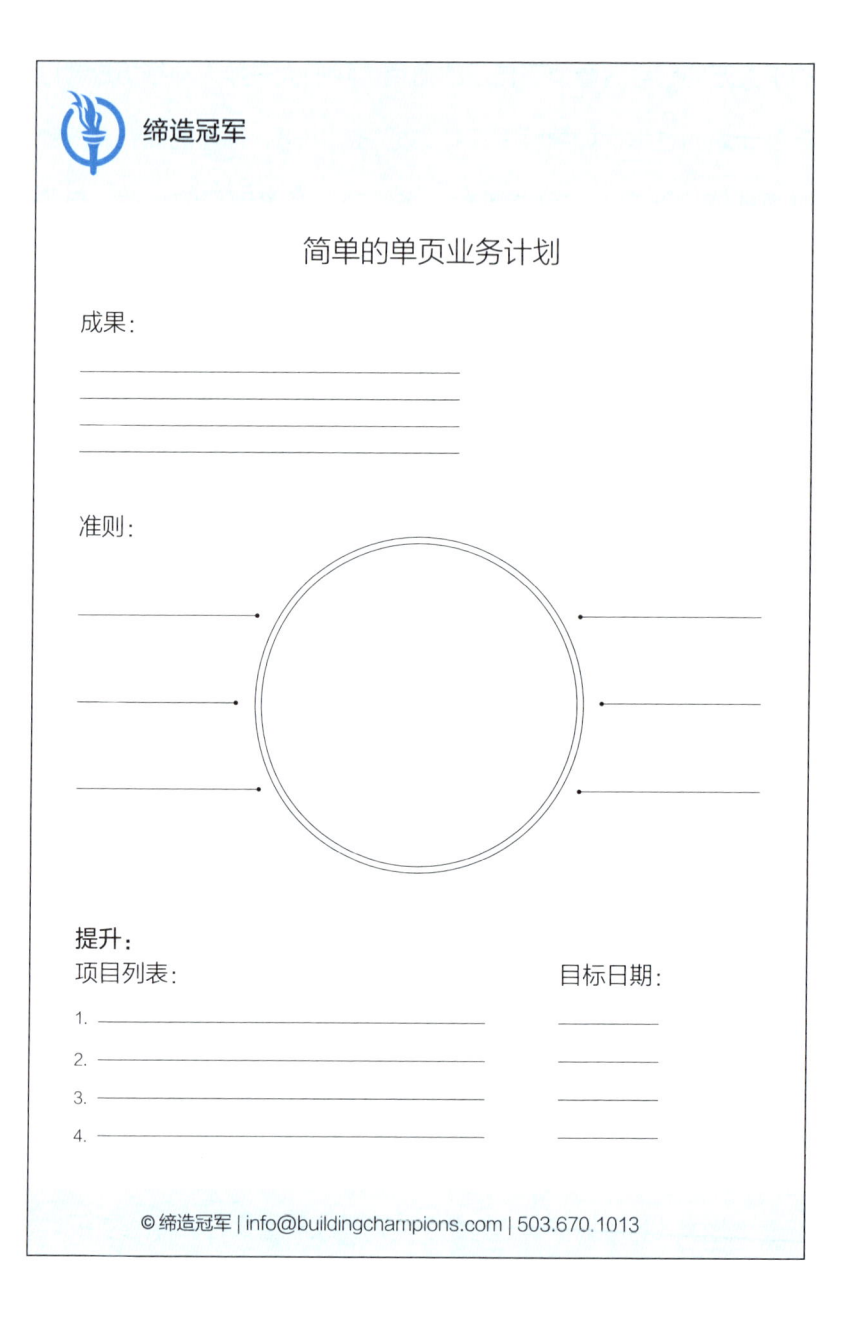

缔造冠军

简单的单页业务计划

成果：
_____
_____
_____

准则：

提升：
项目列表：   目标日期：

1. _____   _____
2. _____   _____
3. _____   _____
4. _____   _____

© 缔造冠军 | info@buildingchampions.com | 503.670.1013

第六视角——角色

当你不断回顾这份单页业务计划时，它就会存储在你的记忆中。你回顾的次数越多，执行的次数也就越多，因为你会专注于最重要的事情。

这份单页业务计划的背后隐藏着什么呢？其中一项可以说与脑科学有关。此外，我本人20多年的经验和数以千计在履行职责和管理优先事项方面做得更好的领导者都证明了这一工具的力量。

你的角色和领导效能

专注于这一视角，你就能更好地决定如何利用和安排自己的时间，这是作为一个领导者提高自己效率的关键。否则，你就会很容易分心，偏离轨道。

以亚当·格兰特（Adam Grant）为例，他是一位组织心理学家、美国沃顿商学院的教授，也是一位畅销书作家和备受欢迎的演说家。他对时间和注意力的要求可能会让人感到难以承受。在一个节目中，他讲述了自己明确自身角色、创建筛选工具划分事件轻重缓急的方法：

"我意识到取得进步的唯一方法就是多说'不'。我给需

要我帮助的对象排出了次序：家人第一，学生第二，同事第三，其他人第四。并且，我只在不影响自己实现目标的特定时间、只在我有独特贡献的领域帮助他人。如果人们向我提出超出我工作范围或日程规划的要求，我会给他们介绍其他相关的资源、文章或专家。"

亚当的做法反映了一个我们称之为"管理决策"的概念。不是每次有请求时就立刻做决策（我是否应该帮助这个人），而是通过其优先顺序来决定。亚当只是在用这个框架来管理决策，而不是每次都花时间和精力来评估每个请求并重新做出决策。这可以极大地提升你的效率，尤其是在评估该参与什么和拒绝什么活动时。正如亚当所意识到的，大多数领导者不得不经常说"不"。

我的朋友兼同事鲍勃·戈夫（Bob Goff）写了几本关于生活、爱情和信仰的畅销书，我最喜欢的一本叫作《爱的力量》(*Love Does*)。他说他会在每个周四决定放弃一些东西。

你总要放弃点儿什么，以便腾出时间、空间去做那些令人兴奋的、充满激情的、需要负责或是一定要做的新的事情。说"不"能让你在自己的角色中表现出色。

对一件事说"好"就意味着要对另一件事说"不"。当你同意参加一场会议、进行一个项目、赞许某个回应时，就是在对其他事

第六视角——角色

说"不"。

有时对一项活动说"不"意味着它会就此消失,你可以将它淘汰。但更多的时候,你必须将这项活动委派给其他人。这一委派的行为不仅能提升你个人的效率,也会提升你的领导效能。

很多时候你都会找到比你更有能力、更适合这项活动的人。另外,通过允许别人承担这些责任,你也可以扩大自己的影响力。还可以通过给他们成长的机会来表明自己对他们的信任。

但许多领导者都觉得委派任务是一项十分艰巨的任务。这让我回想起和蒂姆·塔索普洛斯的另一次对话。他说:"委派任务就是把你曾经承担的特定责任交给别人。你可能会想:这个人是不是会比我做得更好?你必须克制这种情绪,这是对你自我的一种挑战。你的自我在说:'我想让他们想念我。'可对公司而言,这恰恰是最好的处理方式,接替你的人应该要比你做得更好。"

我们知道某件事是正确的,并不意味着它总是容易的。

作为一名高管教练,我的一个非常具有挑战性的任务就是帮助那些即将被接替的人,这些人马上就会卸任,不再承担什么公司责任。比起其他工作,在这一工作中你更能听到一些困惑的声音:要是委派出了错怎么办?要是新领导者失败了怎么办?

提及自我时,蒂姆的脆弱引发了许多人的共鸣:"我想让团队成员们想念我。我想成为别人口中优秀的领导者。"既不会有不适的感觉，还要对新的职责、更好的关系和长远的战略布局以及继任的领导者能取得的更好成果而感到高兴，你如何才能达到这样的境界？

不管你现在的定位如何，这都是获得自由的关键。这种自由是指能发展、改进、思考、学习新行为，成为在你的愿景中公司需要的那种领导者的自由。如果不以能帮助他人取得成功的方式委派工作，你就无法进步，并且总是会受到阻碍。缠在你脚踝上的无形之手会拖住你，因为你没有做出转变，没有任命、发展和委任其他人在你离开后担负责任。这可能意味着设立一个新职位，为团队增加一个具有特定专长的新成员，或者可以指导或委任现在坐在你身边的人。

身为领导者，为了培养团队的能力，也为了未来的机遇和当前的需求，你必须在最重要的机会和责任上投入大量精力：培养你的员工。我在《成为教练型领导者》一书中就谈到了一种超级英雄情结。我们中的许多人都认为，我们能为公司带来多少价值，取决于我们能提出多少种解决方案。随着业务量的增长，复杂性也在增加，我们所有的业务（总是不完美的）都会遇到出现故障、效率低下、发现缺陷甚至失败等问题。

我们通常会认为领导效能是由我们创造解决方案的速度和质量决定的，但这并不正确。若有问题困扰着所在大楼东侧的人，我们会去解决它。如果这个部门、这个地区出现了问题，使公司陷入了困境，我们也会解决它。

第六视角——角色

但优秀的领导者不会专注于解决问题。如果你认为解决问题是你对公司极大的贡献，那么你可能没有认清自己的角色。领导者能让他人具备创新、迎接挑战、提出解决方案并共同取得非凡成果的能力，能通过指导、培养和提供资源造就英雄团队的成员，这样公司才能取得最佳成果。

前文中我们提到了世界商业论坛。在那次活动中，通用电气公司前首席执行官兼董事长杰克·韦尔奇接受采访时说："首席执行官们，你们的首要责任是培养自己和他人的领导能力，主要任务是发展和提高团队成员的技能。"我永远不会忘记这些话。他提到了几位曾经非常受尊敬也非常成功的领导者，但最终却都失败了。他认为，那些成功后又失败的领导者都忽视了与其角色相关的关键原则：没有培养出有才能的领导者。如果公司缺乏领导能力，它的规模和增长的速度将在某一点上受到限制。

领导公司就像是一个乘法游戏，而非加法。只有通过有效地委任、赋权并支持组织中的其他人，给他们提供相应的资源，让他们去做最重要的事，公司才能通过这种"倍增"取得令人震惊的结果。优秀的领导者会把注意力放在优先事项上，并且总是把发展能力看作回报最高的活动之一。

潜在盲点

不要筑起围墙

在组织里，领导者往往已经达到一种如鱼得水的境界。业务发展得很不错，他们也赚到了想赚的钱，受人尊敬，达到了自己心中的高度。

如果你正处于这种状态，那就要小心了，因为你很可能正落入自满和舒适的陷阱，只会一直做对自己有利的事，而不是继续延伸并发展。你开始只守不攻，在现状周围筑起一道围墙。你小心地保护着这道围墙，不让它受到外部威胁的侵袭，夺走你的美好，破坏你生存的舒适区。

如果你正在这么做，那么就已经踏上了失败之路。

领导地位不是一个舒适区，而应是一个充满挑战和不断变化的地方。它能给你能量和激情。作为一位领导者，你能体会到成就感和使命感，但并不是坐在什么应得的、受保护的宝座上。

你的角色需要让你不断成长，成为更好的领导者，无论是现在还是将来。

权衡得失

记住，对一件事说"好"的时候，就相当于对另一件事说"不"。太多的领导者忙于参加新的会议，提出新的要求，或者进行新的项目，经常打破已有的规则和优先顺序，而没有考虑后果。这会对其他人和优先事项造成怎样的影响呢？

所谓积羽沉舟，群轻折轴，每一个单独的决策似乎都很小，但加在一起，它们对你的效率和效能就会造成切实的影响。说"好"的次数太多，你的领导力就会受损。

友好地说"不"

说"不"是一门真正的艺术。若你手下有一位行政助理，请确保他能明确且友好地说"不"。我的行政助理林恩·布朗就深谙此道。她每天都能友好地拒绝他人，这样我才能把时间花在优先事项和应负的责任之上。

如果你的领导能力和执行能力都很出色，你会发现别人对你的要求更多。若你能明晰自己的角色，就不会在反应上花费过多时间，这也就不会阻碍、限制你作为领导者的工作。你必须学会友好地说"不"，然后点明应该负责的那一方或是可以做这件事的其他时间，这样你才能继续在组织中更好地发挥作用。

关键点

你如何看待这一视角直接影响到你对其他六个视角的掌握。若你能知道自己要成为怎样的人、需要为角色承担什么责任，那么其他的视角也会有意义。作为领导者，你的角色要求你清楚自己需要做哪些决策、谁是你周围应该受到你影响的人，以及要如何影响这些人。你越清楚自己的角色，就越容易更充分地参与到每个视角所要求的有目的的好奇心中。

你每天呈现给员工的是什么样子、都在做些什么，这能体现出你的才华、勇气、胆识、激情、远见、信念、关怀、自律，以及许多其他的特征。但我想重申的是，不要认为这就是终点。作为一个领导者，你需要不断发展成长。当你能正确地看待这一视角时，就会感受到做你需要做的事所需要的动力和能量。如果你还没有看到或感觉到它，或者曾经看到但现在已经看不到了，那么下一章可能正好有适合你的解决方案。

局外人视角能帮你看清一切，

让你的决策能力得到改善，

影响力得以提高。

现状 → 愿景 → 战略布局 → 团队 → 客户 → 角色 → 局外人

第七视角

局外人

结婚25周年纪念日时,我和妻子收到了一份很棒的礼物——去马尔代夫度假。在此次旅行中,我实现了冲浪的愿望,还跟两位专业冲浪教练学习了一周。此前,我从未受过专业人士的指导。

教练会和我一起冲浪,确保我情况正常,清楚水中会发生什么。他们为我准备了非常全面的课程,甚至浮在我身边,在我进入状态并站在一个又一个浪头上时为我拍摄照片。

每节课后,我们都会回到冲浪用品店,回顾课上拍摄的照片,对我的动作进行分析。他们分析我的每一个动作,给予我鼓励和指导。在此之前,我从未见过自己一举一动的详细画面,电脑屏幕上的画面与我脑海中的相差甚远。

在脑海中,我激流勇进。每一次转向幅度都很大,每一个举动都恰到好处。

可看到屏幕上的那些照片时,我立即明白了为什么自己现在只能继续做高管教练,而不能当一名职业冲浪者。为了超越自己有限的视野,看到现实的本来面目,我需要这些局外人不带偏见的、独特的视角。他们指导我、提示我,让我在之后的一周里成为一个更好的冲浪者。

还记得Jama软件公司的首席执行官斯科特·罗斯吗?他就经常利用这类视角,提高自己的领导效能。他会经常有目的地花时间与那些来自组织之外的、被他称为"影响者"的人会面,通过与他们交流以帮助自己从新的角度看待自己的生活和事业。

斯科特告诉我："他们能帮我思考如何才能成为一个更好的首席执行官，考虑Jama的重大战略决策。同行的很多首席执行官都是我的'影响者'，我和他们接触，讲述工作上的血泪史。也向他们征求意见，倾听他们的意见，并向他们学习。"

"我们公司的董事会成员也是我的'影响者'，我试着尽可能多地利用董事会会议，了解成员的专业知识、对其他公司的见解，以及他们认为我们作为一个公司应该做些什么。"

"我也会尝试找一些其他可以信任的人作为个人生活中的顾问。有这么一群人，我喜欢时不时地与他们见面，他们不一定很关注业务上的事，而是更关心我，关心我在个人和职业方面的情况。这有助于我成为一个全面的领导者。"

什么是局外人视角

个人的信仰、思想、观念、经验和感觉本身会让你产生偏见，使你几乎不可能客观地看待事物。虽然这未必是一件坏事，但如果你过于依赖自己的观点，肯定会使我们的发展、成长受限。

团队和客户视角能给你的领导效能带来巨大的增值。两者都迫使你从别人那里得到反馈和输入，让你从不同的角度看待事物，挑战你既定的信仰和假设。然而，要让这种"外部见解"真正有效，你还需要添加另一个视角：局外人（也可称为顾问）。

通过寻求局外人的见解挑战你的思维方式和观点。这种不带偏见的信息可以拓宽你的思路，突出盲点，让你走出舒适区。你必须积极寻找并发展这些由信任驱动的关系。如果没有这种视角，你也无法清晰地看待其他视角。

怎样的人才算局外人呢？大概是那些和你的公司没什么关系但却期待你成功的人。在过去20年的工作中，我在那些愿意帮助他人成功的商业领袖身上看到了许多善意。你也应该和那些希望你能有所作为的人在一起。每个人的身边都需要有这样的人，他们不只是为你加油助威，还应该非常关心你，告诉你你的盲点在哪儿，或者提醒你前路可能的障碍。

帕特里克·兰西奥尼曾谈到，需要对值得信赖的顾问的反馈保持开放态度："领导者必须积极寻求并发展与少数'局外人'的信任关系。这些局外人会以完全未经过滤的坦率方式表明他们的观察结果，并且必须愿意告诉你真相，即使真相会伤害到你。"

我们身边都需要有一些局外人，他们有勇气指出我们的盲点——那些我们在领导方式上的失误，或者是什么人、什么事可能会降低我们的影响力、阻碍我们做决策。我们需要局外人勇敢地抛出一些尖锐的问题，让我们反思所发生的事情，承认也许自己的领导力、战略布局或执行能力已经下降到不合格的水平。这些局外人需要在一定程度上了解我们是谁，我们的个人生活和工作方面有什么重要的事情，也需要了解我们的业务、角色，以及试图实现的目标，否则我们可能会质疑他们分享的故事或给出的建议。

局外人可以是你所在公司或行业的一群领导、同事，可以是其他的企业家、领导者或首席执行官，也可以是一位导师、高管教练或董事会成员，甚至可以是你的配偶，不过最后一个身份提出的建议观点还是需要你谨慎对待。

生活中，我无数次听到其他领导者提起，人们总是无意识地偏袒配偶，以至于提出的建议并不中肯。在大多数婚姻或伴侣关系中，你的配偶对你确实是如此。他们可能会像你自己一样，对你的盲点视而不见。

多年以前，局外人视角挽救了我的事业。那是1998年，我34岁，创立的高管培训公司刚成立两年。我的合伙人、团队和我自己都非常清楚我们想要招揽什么样的教练，为此还专门列了一份他们应具备的特性和技能组合的清单。一次，我在某活动上演讲完，有一百多人报名参加了我们的培训服务。我的合伙人、行政助理还有一名教练纷纷庆祝这次巨大的成功，想想看，有102人都想接受我们的指导！

那天晚上，当我们坐在酒店房间里吃晚饭时，胜利的喜悦如香槟

...

你应该和那些希望你

能有所作为的人在一起。

...

泡沫般很快消失了，大家的心情也从兴奋变成了恐慌。我们认识到，自己根本没有能力指导这102名新客户。

几天后，我们查看了应聘者名单，面试的人没有一个符合我们的条件。我和当时的合伙人花了一天时间制定战略，思考应如何满足需求，最终决定向一位不符合我们要求的教练发出邀请。

那天下午晚些时候，我们会见了吉姆·怀特，他是我董事会的长期支持者。吉姆比我大20岁，是一位非常成功的公司负责人，也是美国西北地区一个大型会计师事务所的合伙人。我向他描述了过去一周我们工作的重点：这么多人想要购买指导服务的兴奋、没能找到合适人选的挑战，以及出于无奈，我们愿意妥协，考虑向一个不符合我们标准的教练发出邀请。

听完我的描述，吉姆双手抵着额头，两肘搁在会议桌上，微微摇头。我仍记得这一幕，仿若是昨天刚发生的一样。他慢慢抬起头看着我说："丹尼尔，我很失望，真的很失望。"

他停顿了一会儿，解释道："我没想到你会这么轻易地在质量、原则和缔造冠军公司的教练人选上妥协。"

于是，我从感觉良好（就好像我们找到了解决问题的钥匙）变得心烦意乱。在那一刻，我意识到此前自己过于安逸了。我从他的眼神和评价中看出了这一点。结束谈话之前，我重申自己对公司能提供的产品质量有信心。然而，如果吉姆的态度没有这么坦率，如果他以任何方式粉饰他想表达的信息，我可能就会错过这个教训，错过聘用下一位教练巴里·恩格尔曼（Barry Engelman）的机会，他正是一位合适的人选。就在这次谈话的两周后，我遇到了巴里，他符合条件，也立即加入了我们的团队，成了公司的合伙人，在过去20年间为公司贡献了巨大的价值。我相信，缔造冠军公司的教练形象是我们在过去20多年里成功和蓬勃发展的关键原因。

这位局外人吉姆拯救了我们，挽救了我们的公司。

了解局外人视角

与其他视角一样，这一视角也需要你注意观察。你必须优先考虑它，并投入时间与其他资源。对大多数人来说，这不是偶然发生的，也不能纯靠运气。大多数伟大的领导者都会有意寻找这种视角，并对此进行投资。

怎么对这一视角进行投资呢？这可能意味着花费金钱聘请一位首席执行官导师或是高管教练、加入同行圈子，或者花更多时间与合适的董事会成员相处。无论如何，它总是需要你的投入——有时是金钱，但更多时候离不开时间，这一视角总是需要你投入一定的时间。

优秀的领导者会把这一视角作为他们工作中不容改变的原则。他们会安排好时间，整理自己的问题和想法准备着与局外人对话。在对话中，他们会展现自己的脆弱，分享自己的关切、恐惧、疑惑和不安，以及自己的梦想；然后与局外人进行头脑风暴，一起分析，解释自己所学到的东西。

能正确理解并利用这一视角的领导者会反复使用两个词来描述与局外人的关系对自己的影响：更远、更快。领导者和局外人之间正确的化学反应会给领导者做决策的能力和影响力锦上添花。

这一关系的基础是信任。首先，你必须相信局外人是正常人，会对你们的对话守口如瓶，他们会尊重这个神圣的空间，你可以在其中分享顺心的事情和不如意的事情。你也必须相信他们希望你成功。

其次，你必须相信他们是专业人士，有能力帮你走得更远、更快。

- 你必须相信他们的能力。
- 你相信他们能帮助你把从其他六个视角了解到的东西弄明白。
- 你相信他们能帮助你成为更有效的领导者，做出更好的决策，拥有更大的影响力。
- 你相信他们的智慧、技能和经验，这将决定你和他们的关系，以及你们沟通的框架。

有效领导的七大视角

有了这种程度的信任，你完全可以与他们开诚布公、坦诚相见，这时这种关系的力量才能发挥到极致。

最后，你必须相信他们永远站在你这边。他们会倾听你的话，提出反对意见，在多个方面帮助你，大力支持你，这样你就能做到最好。

亨利·克劳德博士比大多数人都清楚信任对人际关系的重要性。他在畅销书《他人的力量》(The Power of the Other)中表示，所有伟大的领导者的身边都有一个局外人，能帮助领导者认识到自己可以成为什么样的人，鼓励他们成为那种人，并帮助他们达到顶峰。

为了真正理解这一视角，优秀的领导者会表现出有目的的好奇心。有许多领导者参加过我的培训课程，说起这个，我能讲出无数相关的故事，但有一个故事能很好地描述心怀谦卑并渴求他人意见的领导者会如何以有目的的好奇心看待这一视角。

我的朋友皮特·费希尔（Pete Fisher）是人力投资（Human Investing）公司的老板，这家公司也是我们缔造冠军公司的金融咨询公司。15年以来，比我小10岁的皮特总会约我见面，就他作为首席执行官、商业领袖和男人所面临的挑战向我取经。起初，我们会在早上6:30一起喝咖啡。皮特会打开他的笔记本，上面写满了一页一页的问题。他对我们的谈话做了详细的计划，有着令人难以置信的用心，他也收集了许多想法，帮助自己尽快地成为优秀的商业领袖、丈夫和父亲。

第七视角——局外人

如今，我们会面时皮特不再像以前那样经常带着笔记本。但我知道，坐在桌前时，他仍然带着一颗有目的的好奇心，向我这个局外人征求意见，以帮助他成为一个更有效的领导者。

皮特的谦逊是一种智慧。他知道自己并非无所不知，也觉得提问会让他成长。他是带着强烈的求知欲前来学习的——几十年来，我见过的优秀的领导者身上都有这种特质。他们都很谦逊地站出来说："我并非无所不知，还有很多事情需要学习。"接着，他们会去找寻那些局外人，教练、导师、董事会成员，还有专业顾问。

谦逊在领导者的所有效能中都极为重要。当我们认为自己已经达到终点，知道一切，不再需要任何人递来一面镜子说我们可能并没有全速前进的时候，我们就面临失去领导效能的危机。

此外，这一视角要起作用，局外人必须保持客观。当你对局外人的见解产生偏见时，就会失去能获得的大部分益处。亨利·克劳德博士明确指出，获得真实的局外人视角与仅仅让别人附和你的想法两者存在巨大的区别。他说："很多人觉得自己听取了局外人的想法，但其实他们只是在把其他人拉进自己的轨道。在这种关系里，他们得到的想法和信息会更像他们自己的想法，而没有从外部获得新的见解。当领导者跳出自己的轨道，与那些真正能为自己带来新东西的人联系，而不是调整已经在想或做的事情时，他们会得到真正的局外人视角。"

有效领导的七大视角

如果你想从这个视角中获得最大的利益，就必须让那些有知识、有经验、有信心的人去挑战你的想法和信念。所有人的脑海里都有自己的一套叙事方式，影响着自己做出的决策和对周围人的看法。

如果你身边的人不愿意做于你而言置身事外的局外人，就无法质疑或是反对你讲述的事情，不会与你的心中所想搏斗。如果你身边没有一个为了你的利益而走出舒适区的人，那么你也无法从这个视角获益。

你要帮助局外人保持客观。安妮·杜克（Annie Duke）认为，当偏见悄然出现时，领导者与外部导师或同行的关系可能会受到影响。那么，领导者在与局外人协商时如何避免不受欢迎的偏见呢？"如果我想知道自己所做的决策的质量，"她说，"便告诉身为导师或者同行的你们，我正试图通过分析决策的结果来解构这个决策，这就是一种'结果偏见'，而你们也会被这一偏见影响。"

当已知决策的结果影响了你对决策质量的评价时，就会出现结果偏见。那么，你怎样才能避免让局外人受到这种偏见的影响呢？安妮认为，关键在于你沟通的方式："在寻求外部建议时，你作为领导者的责任之一是要意识到，沟通方式可以引导人们得出你希望得到的结论，而且甚至可以在不知不觉中做到这一点。因此，为与你寻求建议的其他人的沟通设定界限是非常有用的。"

假设有一天，你下班之后立即与一位首席执行官导师分析你这一天的工作。或许你会描述一些冲突，让他只听到这一方面的说辞。你可以通过这种方式使他的想法产生偏见吗？毫无疑问，是的。因为他无法了解所有相关视角，他的评论只基于你自己偏重的内容，而事实上，这样可能会削弱你做出好的决策的能力。

"你能做的最主要的一件事就是尽量让他们不要参与决策。"安妮继续说道，"这意味着，你要么在结果出来之前与他们一起解构这些决策，要么就不要告诉他们结果如何。"

局外人与领导效能

戴姆勒货车（北美）公司的人力资源主管艾琳·弗拉克知道客观的局外人视角可以为公司创造巨大的价值。"在公司里，人们总是很容易变得耽于安逸，认为自己处于最佳状态，"她说，"认为公司的情况非常好，没有什么需要调整的。但实际上你从来没有自己认为的那么好。总会有方法提高你的水平，所以必须要有局外人视角让你认清现实，重塑自我，把注意力集中在你需要做的事情上。"

艾琳认为局外人视角改变了她和她的整个公司。她坚持认为，这一视角能帮助人们把所有其他的视角摆在合适的位置，从而成为最为有效的领导者："局外人视角能帮你看清一切，让你的决策能力得到改善，影响力得以提高。"

局外人能帮你取得更多成就，推动公司发展和创新。开始相信自己已经成功，是许多领导者面临的挑战之一。为了达到这一高度，他们曾一度努力提高自己。他们孜孜不倦地学习，脚踏实地，不断创新，提升自己的领导力。但是，一旦他们产生了舒适感，事情就会发生变化。若他们失去了对美好明天的憧憬，开始在今天所拥有的东西周围筑起一道围墙，他们就不会再踏实成长、进取，而只剩下防守。这通常会导致他们的领导效能下降。

局外人视角会给你的愿景带来挑战，帮助你看到更多东西。过去30年来，我的身边总会有一些局外人反对我、警示我，帮助我不断创新、不断提高，而非躲在舒适区停滞不前。我会听取导师、董事会成员、其他公司负责人和执行教练们的工作意见，以帮助我不断进步。我聘请了教练来帮助我成为一个更好的教练。我还有一群曾担任过各种组织的领导者的首席执行官导师，他们都帮我对自己的领导方式和生活方式有了新的认识。

格里特·科马尼（Gerrit Cormany）是一位首席执行官，也是我的局外人导师之一，他比我年长20岁（和吉姆·怀特一样）。他的经验和对生活的态度极大地影响了我。我喜欢我所看到的他的生活方式、他的婚姻、他和孩子们的关系。我喜欢他的养生方式、冒险态度，也喜欢他在所有重要领域的慷慨大方。

第七视角——局外人

出于丰富的专业经验，他能对我的商业模式发表看法，分析我面临的挑战和机遇。虽然他并没有坐在我们的办公室里，但他与我们离得很近，足以了解我们公司的内部运作、使命、产品和模式。他的大部分时间都在与各行各业的首席执行官一起工作，因此理解我角色的复杂性。我极其重视他的所有经验，并且也知道他是真正为了我考虑的，不仅是作为一个商业领袖，更是作为一个男人、一个丈夫和父亲。在生活的各个方面，他都十分支持我。

我的其他导师也是这样的人：杰里、雷蒙德、加文、杰夫和汤姆。他们是我现在的顾问委员会成员，会在许多方面指导我。

如果没有那些有勇气介入并帮助我实现更大梦想的局外人，我就不会成为今天的领导者。他们都为我提供了很多帮助，帮我做出了更好的决策，扩大了我的影响力。

我再次想到著名的酒店负责人霍斯特·舒尔茨，如今他仍在与各个组织合作，为他们提供卓越的服务。作为一个局外人，舒尔茨具有独特的优势，不会被组织面临的问题蒙蔽，而这些问题往往会导致借口的出现。

他说："作为局外人，我没有受到这些问题的影响。我可以客观地指出什么是应该做的，可以跳出组织中的人所在的那个盒子，而这个盒子有着他们有时无法逾越的高墙。这就是为什么允许外界输入如此重要。"

我觉得有句老话说得对，有时我们会"只见树木，不见森林"。局外人的视角不受公司生态系统的影响，不带偏见，能够提出那些容易被内部人员忽视的问题。

潜在盲点

无论顺境还是逆境，都要依靠局外人

许多领导者只有在遇到特定挑战或问题时才会寻求局外人的视角。他们会选择什么时候寻求他人见解，通常会设置一个重点突出的工作事项："帮我解决这件事。"这些领导者没有充分发挥局外人视角的潜力。

邀请局外人进入你的生活，允许他们待在你身边，就表示你允许他们大声说出他们所看到的，而不仅仅是你所要求的。他们可以观察、了解并询问他们需要什么才能更好地了解你，了解你的领导力和你的业务。这样一来，他们就能以最佳状态为你提供有价值的见解、指导。

不要隐瞒

为了从这些关系中获得最大利益，你必须保持开放、透

明，让他们看到你的弱点。有时，这意味着坦白一些让你感到不舒服的事情，或者让你诚实地承认自己的真实感受、动机和信念，即使它们并没有表现出你最好的一面。虽然这种程度的诚实并不容易，但你需要做到完全坦诚，这样才能正确地利用这些关系并从中受益——这就是为什么建立信任和尊重的基础如此关键。

寻找挑战

如果你和局外人的对话中充满赞美和肯定，那你可能不会从这一视角得到你所需要的一切。

尽管我们所有人都需要鼓励，但你若不受到挑战、质疑或磨炼，就无法从这一视角充分受益。事实上，如果你只接受认可和虚假的赞美，则可能会使你在个人和职业生活中的发展受到阻碍，而你的领导力也肯定会受到影响。

局外人可以挑战你的观点，反对你对现状的理解、你对团队的信念、你的愿景和战略布局成功的可能性，以及你为其提供资源的方式，也可以帮你理解其他几个视角的内容。

当局外人挑战你的观点时，也会带来新的能量。你需要保持欢迎新信息、新挑战、新问题和新思维的开放心态，否则不会成长。在一个封闭的系统中，你常常认为自己无所不知，也不允许这种形式的新能量出现。这时熵定律开始发挥作用，如果没有新的能量注入，一切都会衰败，进入混乱状态。

以这种方式支持你的人不会让你耽于安逸，他们既鼓励你，又不会让你忘记自己的责任，更会和你一起思考。他们帮你将行为和信念结合起来，这就是诚实，能帮你把注意力集中在结果上。这就体现出了领导力的效能。

我很喜欢一句谚语："朋友互相砥砺，有如以铁锉铁，愈磨愈利。"局外人的任务就是磨砺你，让你成为最有效的领导者。

没有必要独自前行

俗话说，世上没有单打独斗的人。毫无疑问，在你的领导旅程中，有许多人发挥了关键作用，他们的名字可以写满整页纸。

不幸的是，太多的领导者过于忙碌，以至于忽视了与局外人的关系。一旦发生这种情况，他们就会发现自己早已"高处不胜寒"。但好消息是，他们还有机会力挽狂澜。

能量、自信、透明，这三点是领导者真正的老友。我和其他许多领导者都很享受这三点，因为这都是在局外人身上投入时间的结果。我非常感谢那些在我生命中扮演着和曾经扮演这种角色的人。我也希望你的身边有这样一个强大的局外人网络，帮助你成为更好的自己。

...

朋友互相砥砺，

有如以铁锉铁，

愈磨愈利。

...

| 现状 | 愿景 | 战略布局 | 团队 | 客户 | 角色 | 局外人 |

将七大视角付诸行动

有效领导的七大视角

虽然大多数领导者很容易掌握这七大视角中的三四个，但很少有人能以同样的清晰程度掌握所有的视角。

我们第一次见到谢里尔时，她正担任一家跨国公司的副总裁。她的教练给她提供了局外人的视角，她同样借此提升了对其他几个视角的掌握能力。谢里尔在对愿景（第二视角）的掌握上最需要帮助。只要她能运用好这一视角，看到一个清晰且十分吸引人的未来，她的事业就能实现跨越式发展。通过学习，她开始能看到其他人忽视的未来，后来晋升至分区总裁。如今，她管理着一个庞大的国际性区域。那么，她是怎么弄清愿景的呢？

谢里尔利用局外人（第七视角）帮助自己理解愿景（第二视角）。一旦在愿景这部分有了些许优势，战略布局（第三视角）就执行得更好了，也就开始获得改善后的结果。接着，团队对她的信心不断增强，她的影响力和效率也提升了。

你知道自己的强项和需要继续努力的地方吗？

当我的公司走上正轨时，我注意到了这七大视角之间的联系，它们是彼此关联的。若你在某一视角上有所欠缺，无法清晰地看待它们，就很难理解其他视角。如果一段结实的链条中存在薄弱的环节，那么它仍然可以被折断，从而破坏整体。我们看得越清楚，对每个视角的理解越深刻，我们做的决策就越好，影响力就越大。

换句话说，有效领导的七大视角框架创造了一个领导力生态系统。

将七大视角付诸行动

在经典电影《龙威小子》(*The Karate Kid*)中,宫城先生起初会通过一系列看似简单、不相关的任务(如刷篱笆、洗车)来教年轻的丹尼尔·拉鲁索(Daniel LaRusso)空手道。这些任务本身对空手道并不会有什么效果,但在一次训练中,宫城先生告诉丹尼尔应如何将这些动作有效地组合起来,才能体现动作的效果。

同样的原则也适用于这七大视角的运用。如果你只关注其中的一个,就得不到太多帮助;若你能将它们结合到一起,奇迹就发生了。

若你想让这一切结合起来,就得在这七大视角分别施力。把它想象成一段编排好的舞蹈,一种同步的动作。当你带着有目的的好奇心,有规律、有原则、严格地利用这些视角时,你的领导效能会变得更强。

你首先需要知道自己现在的情况如何。请记住,不会有人七个方面都拿满分。你只有清楚自己现在的情况,才能知道自己需要在哪些地方改进。

一旦你看到了差距或机会,就可以清楚地确定下一步该怎么做。

把这些视角当作你的领导力操作系统。定期参考它们,使其成为你领导语言的一部分,并让这七个视角完全扎根于公司文化中,记住,只有当你真正利用好它时,它才能在你的脑海里扎根。大声地说出它们,与它们一起生活,并将它们传授出去。

要以实用的方式建立这种原则,即当你为自己的战略研讨会设置议程时，就开始使用这个框架。通过让领导者团队参与围绕每个视角的讨论，不仅能确保团队拥有领导公司所需的所有信息，而且还可以将他们的重点放在正确的领域，以为公司发挥最大的价值。

你是首席执行官吗？如果是的话，那你便处于一个独一无二的位置之上。你拥有别人没有的视角。你手下的领导者来找你时，总是对自己负责的领域非常了解，但对公司的其他领域知之甚少。他们对其他领域的思考通常来自有针对性的对话或合作机会。因此，利用你要他们与你会面的机会，把你作为首席执行官所看到和所经历的一切带给你的团队成员，这样他们就能把这些点联系起来，理解做出最佳决策所需的更大背景。

做出重大决策时，你必须了解它们会如何影响其他视角。把这些视角作为过滤器，通过它们运行这些决策。如果你想做一项涉及新客户参与的大投资，或者打算按客户的具体要求制造一些东西，又或是决定创造一个新产品，那就要参考现状、战略布局、愿景等视角，把它们当作"过滤器"，确保不会滥用资源或迷失方向。同时，你还要思考，这个机会、新项目、新产品或是被动的决策是否会让你更加接近愿景。

很多领导者会失败是因为他们的选择太多。这样一来，他们就损害了执行核心战略所需的能力，而这些战略布局正是能使他们从现状走向理想未来状态的关键。

将七大视角付诸行动

当你做出重大决策时，要完全清楚第一视角（现状）和第四视角（团队）。你当下是否有足够的能力给公司增加什么新东西？你的公司目前真的能执行这个决策吗？你是否有足够的现金、人力、技术？用"现状"这一视角"过滤"所有的可能，接着，获取团队视角，确保你能看清整个局面。

领导者可能是最乐观的人，他们几乎总是认为事情可以成功，这也解释了为什么他们总是囿于自己的角色之中。他们能看到别人忽视的东西，因此对未来非常乐观，虽然公司确实能因此受益，但如果现实与这种乐观并不相符，就会在执行中失败，并且因为缺乏能力而失去员工。

优秀的领导者会投入所需的时间来培养自己的领导能力。他们把指导自己的团队视为重要的机会和责任。

使用有效领导的七大视角框架，你就可以用一种对每个人都有意义的方式来指导员工，这种方式也会迅速成为你的公司文化中的一个标准。你可以指导员工如何更好地执行战略布局、如何更好地从团队中收集信息，或是如何开发一个更清晰、更有吸引力的愿景。若你能从不同的视角指导你的员工，那么这个框架就会成为一种组织规范。

要形成实质性的领导能力，不仅你要接受评估，你的直接下属也要接受评估。任何在你的组织中领导团队的人都应该接受评估，并将其用于自己的发展计划中。

在团队中分享你们彼此的评估结果，并以此为基础共同制订你们的发展计划。

之后，建立团队责任制，追踪你们是如何在这些计划中发展改进的。

优秀的公司里有着每一个员工都能理解的公司语言。它自成一套运营系统，有着一整个框架模型，以及影响着整个公司的文化。你对这个框架了解得越清楚，你的团队也就会越清楚。你的团队对重要的事情（他们如何做决策、如何沟通、如何对待和影响他人）越清楚，你的公司就会变得越好、越强。这七大视角有助于确保你们所有人都在关注正确的事情。

若你能持续表现出有目的的好奇心，公司的领导者团队也能在这七个视角都表现出有目的的好奇心，你就可以喊出一个共同的口号：

此刻我们知晓尽详，

今后只管扬帆起航。

你做的决策越好，你的影响力就越大。这就是领导效能。

:

我可以向你保证，

当你在这些视角中看到需要看到的、

听到需要听到的，

就会开始感受到由此产生的积极动力。

:

后 记
Postscript

作为一个每天都"空降"到不同行业、运营不同组织的人,有一件事始终让我着迷。

业务还是业务,领导力还是领导力。变化的是语言,只是用的缩略语不同罢了。虽然每个公司的产品、服务和流程不同,但业务仍然是业务,领导力仍然是领导力。无论是大型跨国公司、成功的"财富"500强企业、中型企业,还是小型初创公司,这些都不会改变。

业务还是业务,领导力还是领导力。

读完本书,你应该能对自己的强项和不足有所了解。这个框架很简单,但并不容易。虽然够简单,能理解,但要按照这七大视角重新安排你的生活却并非易事。你是个忙碌的领导者,我明白。虽然每天要求不断,但你必须无情地拒绝那些应该说"不"的请求,这样才能投入时间,提升自己的领导能力。不要忘记这个框架的目的和重点:

后　记

你的领导效能取决于你的决策能力和影响力。

这时，这个看似简单的模型才真正体现出它的作用。这个框架不是在追求无尽的技能、原则、行为方式和行事系统，而是在帮你把领导力的各个环节联系起来，这样你就可以把注意力集中在对领导效能影响最大的两个方面：你的决策能力和影响力。

若你开始利用这七大视角，一定要记住，体验这种改善是需要花费时间的。你的日程安排必须要能反映出你对每一个视角的好奇心，并且至少每个视角持续90天，这之后你才会开始获得真正的动力。当你开始与人对话、阅读报告、分享愿景、从局外人的洞察中受益，并清楚地看到自己在未来一个季度的角色时，我保证，你在决策方面的信心和勇气都会增强。

一旦养成了这种习惯，你就会获得在这个乌卡时代身为领导者所需的信心和勇气，因为你会知道自己需要知道什么。你需要更快地做出决策，不能等到拥有所有的信息后再做决策，因为你永远无法获得全部的信息。把时间花在这几大视角中，你就会获取所需信息。你不会知道一切，也不会看到全部，但你会比以前更了解情况。

你会与重要的人，即你的团队，有更多的接触。

如果你的团队成员看到你在这些视角上投入了时间，知道你会听取他们的意见，他们的参与度也会提高。

有效领导的七大视角

这个框架是有效的。我们只需要选择一种语言和一个框架并坚持下去，并且严谨地应用它。虽然这个框架无法提供确定的结果，但它确实能为你增强信心，而增强的信心可能是你最好的朋友。

有目的的好奇心能使你主动出击，因为你可以利用所有重要的视角来看待业务，从而做出更好的决策。

当你在这些视角中看到需要看到的，听到需要听到的，就会开始感受到由此产生的积极动力。当你能通过这七个视角清楚地看待自己的业务时，就能更好地带着目标、激情和信心来领导团队。

利用七大视角工作的这段时间便是你身为领导者的最佳时期。当你明确目标，充满激情，对自己的工作充满信心，并且你的团队也有同样的感觉时，你们就会势不可挡。还有什么比这更好的呢？

山外有山，作为领导者，你永远无法到达最终的目的地，你的技能、知识永远达不到顶峰。你必须不断地成长和调整，因为业务需求在不断变化。如今，快速变化的状态让很多领导者不堪重负，甚至停滞不前。如果不重新评估业务的变化趋势，你就无法获取信息，进行适当的调整，从停滞状态转为前进状态。你需要一些信息帮助自己了解你是否是一位有效的领导者。

我相信这个框架能让你成为一个更有效的领导者。自此，你就掌握了一门语言，它可以帮助你把领导力所需的各个要点联系起来，显

后　记

示你在哪些方面有优势、哪些方面有机会改进。这能帮助你和你的团队更清晰地思考并行动。

有效的领导力=有目的的好奇心＋
在利用七大视角方面持续不变的原则＋
更好的决策能力和更大的影响力